Maria Anna Leenen

Allein sein: Lebensform – Herausforderung – Chance

MARIA ANNA LEENEN

Allein sein: Lebensform – Herausforderung – Chance

Aus dem Tagebuch einer Eremitin

Patmos Verlag

VERLAGSGRUPPE PATMOS

PATMOS
ESCHBACH
GRÜNEWALD
THORBECKE
SCHWABEN
VER SACRUM

Die Verlagsgruppe
mit Sinn für das Leben

Für die Verlagsgruppe Patmos ist Nachhaltigkeit ein wichtiger Maßstab ihres Handelns. Wir achten daher auf den Einsatz umweltschonender Ressourcen und Materialien.

Verlagsgruppe Patmos in der Schwabenverlag AG, Ostfildern
www.verlagsgruppe-patmos.de

Umschlaggestaltung: Finken & Bumiller
Umschlagabbildung: © Sebastian Sandqvist / unsplash
Satz: Schwabenverlag AG, Ostfildern
Druck: GGP Media GmbH, Pößneck
Hergestellt in Deutschland
ISBN 978-3-8436-1396-5

Für Peter
und für meinen Lieblingsbruder Stephan
in Dankbarkeit

Inhalt

Vorwort

Warum schreibt man ein Tagebuch? Und was ist das eigentlich, diese Ansammlung von Gedankensplittern, Tagesnotizen und Stimmungsbildern? Vielleicht passt der Begriff des Spiegels am besten. Denn das Notieren all dieser in der Regel subjektiven Impulse lässt im Verlauf der Aufzeichnungen ein Bild entstehen. Ein Bild im Schreibenden; aber sie lassen auch im fremden, im lesenden Menschen ein Bild oder Bilder aufsteigen.

Tagebuch zu schreiben ist eine Möglichkeit der Reflexion. Und kann so letztendlich auch zu einer hilfreichen Form der Auseinandersetzung mit dem Menschsein an sich werden.

Maria Anna Leenen

Tagebuch

1. JANUAR BIS 31. DEZEMBER

FREITAG, 1. JANUAR / NEUJAHR

Es ist still geworden. Endlich. Obwohl die nächsten Dörfer alle mindestens fünf oder sogar zehn Kilometer weit weg sind, ist die Böllerei jede Silvesternacht bis hierhin deutlich zu hören. Trotz Corona und dem sehr eingeschränkten Böllerverkauf war auch in diesem Jahr reichlich Knallerei. Meine Ziegen sind jedes Mal völlig durch den Wind! Jetzt, am Nachmittag des ersten Tages im neuen Jahr, ist es still. Still und kühl. Nur vereinzelt sind noch ein paar Knaller in weiter Entfernung zu erahnen.

Das neue Jahr liegt vor mir wie ein weißes, leeres, schönes sauberes Blatt Papier. Ich bin jedes Jahr wieder neugierig und gespannt, was am Ende darauf stehen wird als eine Art Konzentrat der vergangenen zwölf Monate.

In der Kapelle flackert vor meiner Krippenlandschaft ein Teelicht. Der hin- und herspringende Schein lässt meine Ziegenfiguren fast lebendig aussehen. Ich weiß noch, wie ich den ganzen Aufbau vor vielen Jahren zusammengebastelt habe. Nur eine alte Sperrholzplatte, Montageschaum und ein paar Farbreste. Mehr hatte ich nicht. Am Anfang war es eine ziemliche Sauerei – das Zeug kam viel zu schnell aus der Düse. Es dauerte, bis ich alles passgenau auf die Platte spritzen und formen konnte: den Hügel, die weite Ebene und natürlich die Höhle für die Heilige Familie. Aber mit ein bisschen Sand und Kies sieht es immer noch so aus, wie ich mir die Szene in Betlehem vorstelle. Das Schönste ist immer die kleine Skulptur der Heiligen Familie: Josef hat das neugeborene Kind in seinen Armen, Maria liegt erschöpft auf einer einfachen Lagerstätte. Realistisch!

Weihnachten war dieses Mal nicht besonders feierlich. Der unablässige Regen verwandelte alles ums Haupthaus in eine Schlammlandschaft. An manchen Tagen dampften ständig irgendwo Socken, T-Shirts oder Hosen in der Nähe des Ofens in der Hoffnung, dass sie schnell wieder trocken werden.

Die Stimmung konnte ich nur mit Mühe auf einem positiven Level halten. Selbst das Gebet und die Meditation schienen kalt und zäh zu sein wie der Schlamm auf dem Hof.

Für die Meditation heute Morgen habe ich einen Satz von Thomas Merton aus seinen *Meditationen eines Einsiedlers* vor mir.[1] Das

Buch stammt aus der Zeit der Anfänge meines geistlichen Lebens. Es ist schon arg zerlesen, aber so lieb geworden, dass ich mir keine neue Ausgabe kaufen möchte. »Wenn ein Mensch zur Einsamkeit berufen ist, wird er sich nur dann nicht länger fragen, wie er leben und es anfangen soll, im Frieden zu sein, da er in der Einsamkeit weilt.«[2] Ein Satz, der einlädt, dem Maß des Friedens in mir nachzuspüren. Langsam lese ich den Satz noch einmal und lasse meinen Geist behutsam in das Schweigen meiner Kapelle hineingleiten. Die Stille tut gut. Ich bin ganz da und frage nicht mehr nach dem Frieden. Ich bin im Frieden, und der Regen, der an das Kapellenfenster prasselt, stört nicht mehr.

MONTAG, 11. JANUAR

Gestern in den Nachrichten: Abschuss eines Flugzeugs, das von Frankfurt nach Teheran flog, mehr als 170 Tote; erneut (oder immer noch?) Spannungen in der Golfregion; und der Krieg in Syrien. Große Schwierigkeiten gibt es bei den humanitären Hilfstransporten für die leidenden Menschen dort. Die Bilder der Kinder – in vollkommen unzulänglicher Kleidung, mit hungrigen Gesichtern – lassen mich den ganzen Tag nicht mehr los.

Draußen ist es grau in grau, viel zu warm. Die Sonne, die manchmal müde durch ein paar Wolken sickert, macht es auch nicht besser. Das Wetter ist weder Fisch noch Fleisch. Aber es ist friedlich hier, was man vom Rest der Welt nun wirklich nicht behaupten kann. Einmal Nachrichtenhören kann einem den ganzen Tag verdunkeln und lässt einen am Verstand der Menschheit zweifeln. Oder an der positiven Kreativität Gottes? Aber auch an dem Frieden, in dem ich hier lebe. Ist es Frieden oder nur die Zufriedenheit einer in Ruhe Gelassenen?

Ich habe angefangen, Tomáš Halík zu lesen: *Geduld mit Gott*. Was für ein Titel! Zitat: »Gott wohnt nicht an der Oberfläche.«[3] Aber wohnt er hier in meiner Einsamkeit? Einer Einsamkeit, die ich besser Zurückgezogenheit nenne, da ich den Sinn in ihr sehe, ihm näherzukommen? Vielleicht besser: zurückzukommen zu ihm? Halík schreibt auch etwas, das mich sehr fasziniert: »Er ist nicht dazu da, um unseren Durst nach Gewissheit und Sicherheit zu stillen, sondern um uns zu lehren, mit dem Geheimnis zu leben.«[4]

Am Abend gehe ich noch einmal in die Kapelle. Eigentlich müsste ich dringend ein Teilmanuskript abschließen ... nein, heute Abend keine Arbeit mehr. Der Wind heult erbärmlich um Haus und Ziegenstall. Vom Gefühl her bin ich der einzige Mensch auf diesem Planeten.

MITTWOCH, 13. JANUAR

Bei Halík heute Abend nochmal nachgelesen: »Glaube, Hoffnung, Liebe sind drei Aspekte *unserer Geduld mit Gott;* sie sind drei Möglichkeiten, mit der Erfahrung der Verborgenheit Gottes umzugehen. Sie bieten einen ganz anderen Weg, als es der Atheismus oder der ›billige Glauben‹ tut, sie stellen – gegenüber jenen beiden oft angebotenen Verkürzungen – ein wahrlich langes Unterwegssein dar.«[5]

In der kalten Kapelle denke ich lange darüber nach. Bin ich vielleicht deshalb in die Einsamkeit, in die Zurückgezogenheit gegangen, um mehr und intensiver Gewissheit zu bekommen? Oder doch nicht eher im Gegenteil, um intensiver mit diesem unglaublichen Geheimnis *Gott* leben zu lernen?

DONNERSTAG, 14. JANUAR

Vorgestern war (mal wieder) Fernsehen da. Sympathische Menschen, ohne Frage. Aber jedes Mal frage ich mich, ob das gut und richtig ist. Na ja, mal abwarten, was dabei rauskommt.

SONNTAG, 17. JANUAR

Schöne, stille, ruhige, innige hl. Messe in meiner Kapelle mit coronabedingter Minibesetzung.

Am Nachmittag Halík weitergelesen. Er beschreibt seine wechselvolle Auseinandersetzung mit den Texten der »kleinen Thérèse«, Thérèse von Lisieux (1873–1897). Erst denkt er angewidert, was für infantile Metaphern sie benutzt. Dann beschreibt er sein »Abenteuer mit Thérèse«[6] zum Schluss eines längeren Durchdenkens und Verstehens, zu dem auch die für ihn wohl zutiefst verblüffende Feststellung gehörte, wie abgrundtief diese junge Karmelitin in die Einsamkeit einer nicht nur gefühlten, sondern irgendwie realen Gottverlassenheit geführt worden ist. Und die sie versuchte solidarisch sozusagen zu teilen mit denen, die nie wirklich einen Glauben besessen hatten. Was für eine starke Würdigung dieser Ordensfrau, der weltweit immer dieser entsetzlich klebrige Überzug von sentimentaler Liebe übergossen wurde und wird.

DIENSTAG, 2. FEBRUAR

Heute Morgen ist es tatsächlich knackig kalt. Die Ziegen, meine Zwerge, haben einen dicken Pelz; Kälte stört sie nicht so sehr, vor allem, wenn kein starker Wind geht und der Pansen gut gefüllt ist. Die Verdauungswärme kann bis zu 40 Grad betragen, da macht ihnen die Kälte nicht so viel aus.

Frieda, meine alte Leitziege, schläft noch ab und zu draußen unter dem Verschlag, den ich ihr während der Machtkämpfe in der Herde im letzten Jahr gezimmert habe. Sie ist im Laufe der Jahre immer noch ein Stück weit lieber allein als mit der Herde zusammen. Aber heute Nacht hat sie sich auch in das Stroh des Stalles gekuschelt.

Die Landschaft draußen ist Winter-Wunder-Land mit Puderzucker.

In der Morgenmeditation lasse ich mich ein auf einen Vers aus dem Markusevangelium: Kapitel 1, Vers 35. Markus schrieb es als das erste, das älteste Evangelium, verfasst wahrscheinlich 40 Jahre nach Christi Tod. Er schrieb es auf Griechisch und nicht als Buch, sondern als geordnete Sammlung einer schon damals sehr lebendig existierenden Christusverkündigung. Dieses Evangelium wirft einen ganz bestimmten Blick auf die Einsamkeit, auf das Alleinsein, wenn hier immer wieder davon berichtet wird, dass sich Jesus zurückzieht. »In aller Frühe, als es noch dunkel war, stand er auf und ging an einen einsamen Ort, um zu beten.« In der Stille des Morgens oder noch früher, im letzten Schimmer der Nacht, wenn der Geist schon ausgespannt ist und weit wird, während der Körper vielleicht noch mit dem letzten Schlaf kämpft, gibt es manchmal Momente kristallklarer Einsicht. Vieles, was in der Nacht bedrückend schien, kann sich erhellen wie draußen der Wald oder der Garten im beginnenden Tageslicht. Aber es braucht Zeit. Genau wie das Licht draußen nicht wie ein Blitz alles erleuchtet, sondern die Konturen und Farben erst allmählich wahrzunehmen sind, so tauchen auch Erkenntnisse oder Möglichkeiten nur langsam auf. Manchmal sind sie wie ein scheues Tier, dem ich vorsichtig und respektvoll die Hand hinhalte, so lange, bis es Vertrauen fasst und näher kommt.

Auf dem Schreibtisch liegt ein neues Buch: *Einsamkeit. Die unerkannte Krankheit* von Manfred Spitzer.[7] In den nächsten Tagen werde ich anfangen, es zu lesen. Ich bin sehr gespannt!

MITTWOCH, 3. FEBRUAR

Wo ist die Kälte geblieben? Ich wache schon früh auf durch das Geplätscher draußen. Ein müder Blick durch das Fenster in den Garten lässt meine Stimmung auf den Nullpunkt sinken. Die Regentonnen laufen über, das Eis ist fast vollständig verschwunden und der Schlamm bestimmt wieder mal das Bild. Ich gehe zurück ins Bett und ziehe die Decke über den Kopf. Manchmal reicht die Sonne im Herzen echt nicht aus. Minuten später springt etwas aufs Bett und setzt sich auf meine Füße. Ich luge vorsichtig aus meinen Kissen heraus. Max, mein Kater, sitzt am Fußende und schaut mich vorwurfsvoll an. Sein Blick sagt ganz klar: Steh gefälligst auf, ich will Frühstück haben! Na gut. Schnell etwas Trockenfutter in die Futterschale, das beschäftigt ihn für ein paar Minuten und ich kann in die Kapelle gehen. Durchatmen, still werden, die schlechte Laune vor das Kreuz legen und Dank sagen für das Gute, das ich heute geschenkt bekommen werde – auch wenn ich noch nicht weiß, was es sein wird. Und dann einen sehr großen Kaffee mit heißer Milch und einem Löffel Honig. Jetzt kann der Tag kommen.

Spitzers Buch macht mich neugierig, aber ich bin auch sehr skeptisch. Und Eremiten hat er sicher nicht interviewt, das wüsste ich!

DONNERSTAG, 4. FEBRUAR

Endlich den Zaun an der Nordweide fertigbekommen – bei strömendem Regen. Schule der Geduld, wenn einem ständig das Wasser in den Nacken rieselt!

Am Nachmittag stundenlang recherchiert, geschrieben, in den Laptop getippt. Kurze Vesper, nochmal Heu zu den Ziegen gebracht und dann schnelles Abendessen. Anschließend tippen, tippen, tippen. Im Herbst muss das Buch über Schöpfung fertig sein.

Spät am Abend Stall zugesperrt, Katzen rausgelassen und gestaunt: Was für ein wundervoll klarer Winterhimmel! Kein Wunder, der Dauerregen hat alles wie saubergespült. Das Sternbild des Orion kommt deutlich aus dem Osten hoch in den Süden, Kassiopeia strahlt ungehindert fast genau über mir.

Mit dem Bild des Sternenhimmels vor Augen den Tag in der Kapelle abgeschlossen. Nachtgebet fällt kurz aus, ich anschließend todmüde ins Bett. Spitzers Buch muss noch warten. Wird ja nicht schlecht.

SAMSTAG, 6. FEBRUAR

Der Strom ist weg. Die Leitung scheint in Ordnung zu sein; irgendwo ein defektes Gerät? Ein freundlicher Helfer schaut nach, aber nur im Arbeitszimmer, im Bad und in der Kapelle kriegt er eine Leitung hin. Montag muss ein Elektriker kommen. Es wird kalt, und ohne Strom bleibt auch der Stall dunkel. Nicht gut für meine lichthungrigen Zwerge. Ich trödle eine Weile so vor mich hin, dann schreibe ich ein wenig, lese erste Seiten Korrektur.

Am Abend dann beginne ich mit Spitzer. Er schreibt, Einsamkeit sei ein Megatrend. Er weist zunächst anhand von Statistiken nach, wie stark sich gesellschaftlich das Leben der Menschen geändert hat. Mehr Single-Haushalte, weniger Geburten pro Frau (oder vermehrt gar keine ... wie bei mir), stark gewachsene soziale Isolation durch soziale Medien. »Soziale Medien« ist ja an sich schon im Wort ein Widerspruch. Ich stimme Spitzer zu, wenn er schreibt: »Die Digitalisierung bringt Menschen nämlich nicht, wie oft behauptet wird, zusammen, sondern bewirkt eine Zunahme von Unzufriedenheit, Depression und Einsamkeit. Dies gilt insbesondere für die sozialen Online-Netzwerke wie Facebook, Twitter, WhatsApp, YouTube, Instagram oder Snapchat.«[8] Na sowas, da wäre ich echt nicht drauf gekommen.

SONNTAG, 7. FEBRUAR

Strom ist weiterhin in den meisten Räumen weg, dcr Elektrowecker verstummt, und ich habe voll verschlafen. Draußen Rauschen, Stürmen, Knacken von Ästen und Zweigen, die gegen die Fenster gepeitscht werden. Sturm und Eiseskälte und ein halber Meter Schnee. Ich feuere den Küchenofen an; es dauert ewig, bis ich Wasser heißmachen kann für den ersten Kaffee. Dann schnell zum Stall. Alle Ziegen sind in den Ecken zusammengekuschelt, kein Licht mangels Strom und draußen Berge an Schneeverwehungen. Ich fülle alle Raufen hoch voll mit Heu, das Gott sei Dank trocken geblieben ist. Im Holzschuppen dagegen, in der Strohscheune, im Gartenschuppen – überall Schnee. Stalltüren bleiben heute zu, die Tiere werden den Tag mehr oder weniger mit dem Dösen im Stroh verbringen. In der Klause Holz nachlegen, Frostwächter anschalten und noch einen schönen heißen zweiten Kaffee.

In der Kapelle ist es kalt geworden, sieben Grad auf dem Thermometer, ich lege eine Decke über meine Knie und versuche, nicht zu sehr zu zittern. Das Gebet am Sonntag ist normalerweise etwas ausgedehnter, und anschließend fahre ich zum Gottesdienst. Wegen Corona ist der Kirchenbesuch abgesagt und bei dem Wetter komme ich mit dem Rad sowieso nirgendwo hin. Draußen schneit es gewaltig, und es ist komplett still. Eine eigenartige Ruhe. Jede Stille hat ihren eigenen Charakter. Und jede Stille wirkt anders auf mich. Ich bete die Psalmen und werde selber ruhig. Bei den Fürbitten denke ich besonders an die Menschen, die obdachlos sind. Hoffentlich stehen in den Städten genügend Übernachtungsplätze bereit.

Spitzers Buch liegt auf meinem Schreibtisch. In dieser Publikation finde ich eine Fülle von Studien aus weltweiter Forschung. Nur Eremiten kommen tatsächlich bis jetzt nicht darin vor. Ich lebe einsam, das bedeutet, ich reduziere meine Kontakte sehr stark. Grillfeten, Theater, Konzerte, Kino, Shopping, Doppelkopfabende oder der Kaffeeklatsch mit Freundinnen samt Sahnetorte sind normalerweise komplett gestrichen. Aber für mich ist das weder schmerzhaft noch eine Beeinträchtigung meiner Gesundheit. Im Gegenteil. Bin ich der berühmte Einzelfall? Oder anders: Sind wir Eremitinnen und Eremiten die Ausnahmen von der Regel? Das Buch macht mich nachdenklich, aber es fällt mir schwer, die Aussagen einfach so anzunehmen.

Am Abend eine ausgedehnte Meditation zu Markus 1,16–20, einer Berufungsgeschichte. Meditiere mit reichlich Decken und viel Kerzenlicht und erinnere mich an meine eigene Anfangszeit als überzeugte Jesusnachfolgerin.

MONTAG, 8. FEBRUAR

Es schneit und schneit und schneit. Dazu ein scharfer Ostwind, der gefühlt bis ins Knochenmark beißt. Der Elektromeister, der kommen sollte, um die Stromleitung zu überprüfen und bitte auch wieder zu reparieren, hat angerufen. Er kommt nicht durch bis zu mir. Na fein! Aber wenigstens das Telefon funktioniert. Den Tag über mehrere Telefonate mit Menschen, die mir von ihren Sorgen und Problemen erzählen. Eine Frau hat ein Buch von mir gelesen und erzählt lange alles Mögliche, bis der wahre Grund ihres Anrufs deutlich wird: der Partner vor einem Dreivierteljahr verstorben, die Kinder wohnen weit entfernt, Corona macht Besuche schwierig bis unmöglich und jetzt der Schnee. Sie sei von allen und allem abgeschnitten. Nicht nur die Decke falle ihr auf den Kopf, auch die Wände kämen irgendwie näher. So stelle sie sich Isolationshaft vor.

Was ist das eigentlich, Einsamkeit? Gibt es überhaupt eine klare, eindeutige und nicht hinterfragbare, also nicht mehr zu bezweifelnde Definition für diesen, ja, Zustand? Diese Verfassung? Situation? Stimmung oder gar Gestimmtheit? Ist Einsamkeit eine tödliche Krankheit, wie Spitzer es formuliert? Oder ein Segen, eine Chance – oder doch eher ein Fluch? Eine Zerstörung? Das Wort *einsam* bzw. das daraus gebildete Substantiv *Einsamkeit* geht zurück auf den Begriff *einer allein* aus der mittelhochdeutschen Sprachstufe, etwa 11. bis Mitte des 14. Jahrhunderts. Mit Martin Luthers Bibelübersetzung wurde dieser Begriff weit verbreitet, weiß das Wörterbuch.

Einer allein – aber wie viele Menschen sind einsam oder fühlen sich einsam trotz der Menschen um sie herum?

SAMSTAG, 13. FEBRUAR

Arvo Pärts *Spiegel im Spiegel* schwebt durch die Klause und dringt durch die Mauern, als wären sie Luftgebilde ohne Widerstand gegenüber diesen rätselhaften und zugleich unglaublich intensiven Tönen. Ich sitze am Ofen, die Kapelle ist zu kalt nach der letzten Nacht. Draußen waren es heute Morgen um die Klause gut minus 16 Grad. Eine Woche liegt hinter mir mit reichlich Schwierigkeiten. Die Kälte und die Schneemassen; meine Tiere, die mit dieser großen Kälte doch ganz schön zu kämpfen hatten; die verschiedenen Anrufe; ein langer Brief mit viel Kummer. Und am morgigen Sonntag ist Valentinstag.

Habe am Nachmittag L. angerufen. Sie ist seit Jahren schwer krebskrank und ich war erschrocken, als ich ihre Stimme hörte. Das Sprechen fällt schwer inzwischen, die Krankheit nimmt ihr in immer schnellerer Folge Kraft und Mut. Ich habe versprochen, morgen zu ihr zu kommen, und richte mich auf einen langen Weg durch den Schnee ein.

Die letzten Töne von Pärts verklingen, in den Nachhall spreche ich mein Gebet für die kranke Freundin und hoffe, ich bleibe morgen bei ihr halbwegs gefasst.

SONNTAG, 14. FEBRUAR

Ich bin zu Fuß ins Dorf und besuche L. Es geht ihr sehr schlecht, wir können nicht miteinander sprechen. Nach zehn Minuten mache ich mich wieder auf den langen Heimweg, traurig und in großer Sorge.

DONNERSTAG, 18. FEBRUAR

Die Vorbereitungszeit auf Ostern hat begonnen und Karneval ist dieses Jahr ausgefallen. Sehr bedauern kann ich das nicht – oder besser: nicht mehr. Als Kind war es ein Jux, als junges Mädchen und manchmal auch später noch waren es immer tolle Nächte. Sich schick verkleiden und die ganze Nacht tanzen, wunderbar. Aber meine Prioritäten haben sich geändert und ich bedauere es nicht.

Der Frost ist verschwunden seit ein paar Tagen, nur noch einzelne schmutzige Schneeflecken liegen am Waldrand. Endlich kann ich draußen weiterarbeiten. Die Sonne und die körperliche Arbeit tun mir gut.

Gestern ein langes Telefonat mit einer alten Freundin. Marlies ist letztes Jahr achtzig geworden, ihr Mann ist zwei Jahre älter und seit einiger Zeit fortschreitend dement. Sie ist im Moment echt fertig und weiß nicht mehr weiter. Zwar kommt täglich eine Hilfe, aber in der Nacht ist ihr Mann wie ein Geist im Haus unterwegs. Verräumt alles, verlegt wichtige Dokumente und wandert ständig herum. Eine Möglichkeit scheint zu sein, dass er in den Nächten demnächst in einer Betreuung außer

Haus untergebracht wird. Einerseits ein großer Schmerz, sie sind mehr als 50 Jahre verheiratet und waren nie getrennt. Andererseits dringend notwendig, denn ihre Kräfte sind am Ende. Es tut ihr gut, einfach mal alles zu erzählen.

Bei unserem Telefongespräch musste ich ständig an die Biografie der Malerin Paula Modersohn-Becker[9] denken. Darin taucht ein Begriff auf, der mir bei solchen Telefonaten immer einfällt: Wächter für die Einsamkeit des anderen sein. In der Zeit kurz nach der Hochzeit mit Otto Modersohn am 25. Mai 1901 fühlt sich die junge Malerin Paula immer wieder einsam. Ihre Beziehung ist zwar glücklich und ihre Bilder werden reifer und intensiver, aber die Entfremdung von ihren Freundinnen Clara Westhoff und Martha Schröder schmerzt sie sehr. Beide sind ebenfalls mit Künstlern verheiratet, Clara mit Rainer Maria Rilke, Martha mit dem Maler Heinrich Vogeler. Rilke hat dabei eine sehr spezielle Auffassung von der Ehe. Seine Vorstellung davon hatte er schon Anfang 1901 in einem Brief an den Lyriker Emanuel von Bodman (1874–1946) umrissen: »Es handelt sich in der Ehe für mein Gefühl nicht darum, durch Niederreißung und Umstürzung aller Grenzen eine rasche Gemeinsamkeit zu schaffen, vielmehr ist die gute Ehe die, in welcher jeder den anderen zum Wächter seiner Einsamkeit bestellt und ihm dieses größte Vertrauen beweist, das er zu verleihen hat.«[10]

Als Paula endlich einen Brief von Clara erhält, ist sie tief enttäuscht. Vor allem, weil Clara mehr oder weniger unmissverständlich schreibt, dass ein intensiverer Kontakt oder das Aufleben der alten Vertrautheit nicht mehr möglich sei. Auf ihre innige Bitte um Kontakt, die Bitte, man doch könne die alte Liebe wiederaufleben lassen, antwortet anstelle seiner Frau dann Rilke in einem Brief vom 12. Februar 1902: »Sie müssen fortwährend Enttäuschungen erfahren, wenn Sie erwarten, das alte Verhältnis zu finden, aber warum freuen Sie sich nicht auf das Neue, das beginnen wird, wenn Clara Westhoffs neue Einsamkeit einmal die Tore auftut, um Sie zu empfangen.« Und er betont zum Schluss noch einmal: »... weil ich für die höchste Aufgabe einer Verbindung zweier

Menschen dies halte: dass einer dem anderen seine Einsamkeit bewache«.[11]

Ein wenig kann ich Rilke verstehen, wenn ich an Marlies und ihren Mann denke. Muss sie ihn, muss sie die Einsamkeit seiner Erkrankung nicht auch in gewissem Sinne schützen? Aber wie tief muss man Einsamkeit bei sich selbst zulassen, um sie derart zu verstehen?

Am Abend Schwärme von Wildgänsen, die laut rufend über die Klause treiben. Ich bin in der Kapelle, bete für Marlies und ihren Mann und lasse die Texte der Briefe nachklingen. Sie sind wie kleine raue Steine, die über zerschundene Haut kratzen.

FREITAG, 19. FEBRUAR

Das Gespräch mit Marlies geht mir nicht aus dem Kopf. Wächter der Einsamkeit. Der Begriff, den Rilke in seinem Brief an Paula verwendet, riecht für mich zunächst nach einer Art Bindungsangst, einer Unfähigkeit, sich auf einen anderen Menschen wirklich einzulassen. Interessant wäre, was Sigmund Freud dazu gesagt hätte. Ihn hatte Rilke ja auf einem psychologischen Kongress 1912 kennengelernt. Vielleicht beinhaltet der Begriff für Rilke aber auch die Sorge, den anderen, den Liebsten zu sehr zu vereinnahmen, ihn nicht Ich sein zu lassen. Bei der starken Persönlichkeit des Dichters wäre das auch eine Erklärung.

Das bringt mich dazu, mein Schreiben in diesem Tagebuch zu hinterfragen. Ich schreibe ständig über viele Dinge – warum gerade dieses Thema? Zum einen haben sicher die Einschränkungen der Corona-Pandemie auch (oder besser: sogar) für mich einiges verschärft und darum stärker in den Fokus rücken lassen. Aber ich glaube, ein anderer Grund, ein gewichtiger, ist es, mir selber nach so vielen Jahren in der Einsiedelei erneut Klarheit zu verschaffen, was meine Form der Einsamkeit, mein Alleinsein im Tiefsten bedeutet. Außerdem taucht die Frage danach immer wieder auf, wenn Gruppen oder Einzelpersonen hier sind. Die Frage: »Haben Sie denn keine Angst so allein?« Oder krass: »Hier möchte ich ja nicht tot überm Zaun hängen.« In den Augen dieser

GesprächspartnerInnen scheine ich keinen Sensus zu haben für die Gefährlichkeit meiner Einsamkeit.

SAMSTAG, 20. FEBRUAR

Frühlingswetter lockt mich nach draußen. Den ganzen Vormittag Laub von den Wiesen und Weiden zusammengeharkt und in mein Wäldchen gebracht. Irgendwie haben die Eichen jedes Jahr mehr Laub. Früher gingen solche Arbeiten jedenfalls bedeutend schneller.

Am Nachmittag kam Irmgard, eine Freundin, um beim Schneiden der Ziegenklauen zu helfen. Meine Zwerge mögen es nicht, aber hier ist kaum harter Boden, auf dem ihre Klauen abgerieben werden können. Also muss ich ran. Drei haben wir geschafft und sie haben wieder »ordentliche Füße«. Die restlichen sechs kommen nächste Woche dran.

Am Abend L. angerufen. Sie hat sich ein klein bisschen wieder aufgerappelt und ich habe mich für Montagvormittag angemeldet.

MONTAG, 22. FEBRUAR

Noch ein Sonnentag in diesem ungewöhnlichen Februar. Mit Genuss fahre ich mit dem Rad ins Dorf. L. geht es etwas besser und wir können uns unterhalten, besser: Ich erzähle, was in der letzten Zeit so passiert ist, und sie hört zu. Wir können sogar gemeinsam ein wenig lachen, als ihre Pflegekraft ein lustiges Erlebnis aus der Kindheit erzählt. Zurück in der Klause, ist mein Mittagsgebet erfüllt von Dankbarkeit darüber. Anschließend mache ich Schmorkartoffeln, die mal wieder anbrennen, weil ich noch schnell einen Text fertig machen will. Ich bin nie besonders erfreut, während des Essens die angebrannten Kartoffelscheiben rauszupulen. Früher, als Mädchen und als junge Frau, hat es immer viel Spaß gemacht, gemeinsam zu kochen, anschließend in großer Runde zu essen und dabei stundenlang zu diskutieren. Heute bin ich meist zufrieden mit einem leckeren Brötchen.

DIENSTAG, 23. FEBRUAR

Verflixt, ich habe eine Maus in der Küche. Zufällig habe ich sie flitzen sehen und das leise Kratzen gehört, dann war alles wieder still. Die Lebendfalle, mit Nougatcreme und einem Stückchen Käse gefüllt, war nach einer halben Stunde leergefressen! Zweiter Versuch: Nougatcreme-Käse-Mischung und zehn Minuten später zack, gefangen. Sie ist wohl schon einen Tag und vor allem eine Nacht hinten im Küchenofen versteckt gewesen. Und das, obwohl beide Katzen in der Nacht im Haus geschlafen haben! Weit hinter der großen Scheune habe ich sie wieder freigelassen.

MITTWOCH, 24. FEBRUAR

Der Brunnenbohrer ist da. Endlich! Mit leisem Jubel spreche ich ein Dankgebet in der Kapelle und bin sehr gespannt, wie das laufen wird. Die Hoffnung, endlich ausreichend gutes Wasser für meine Tiere und mich zu haben, lässt die Laune enorm ansteigen.

SAMSTAG, 27. FEBRUAR

Drei Tage Arbeit und das permanente Geräusch der Pumpe des Brunnenbohrers, dann ist es geschafft. Der neue Brunnen, gut 30 Meter tief im Boden, funktioniert. Nun muss nur noch der Kessel der alten Pumpe in der Klause den Rest Sand loswerden und dann: Wasser marsch! Viel zum Lesen bin ich in der letzten Woche ja nicht gekommen, Halík und Spitzer habe ich arg vernachlässigt. Aber das war es wert. Seit letztem Sommer war die Klause ohne fließendes Wasser, der alte Brunnen streikte erst und fiel dann trocken. War eine ziemlich elende Pangelei mit Regenwasser und dem gekauften Wasser in Kanistern und Flaschen. Wasser ist Leben, eine eindrückliche Erfahrung der letzten Monate.

Am Abend tief empfundenes Dankgebet mit einer kurzen Meditation zu Genesis (1. Mose) 1,9: »Gott sah, dass es gut war«. Ich liebe die Genesis sehr, auch wenn es in Gesprächen mit suchenden Menschen manchmal schwer ist, zu erklären, was mich daran so fasziniert. Aber die Erzählung von der Erschaffung der Welt ist für mich immer wieder eine Intensivierung meines Glaubens, dass Gott die Welt gut gedacht und gemacht hat, als Initiator, als Creator, sozusagen als der wirklich große Think Tank.

SONNTAG, 28. FEBRUAR

Fetter, runder, grandioser Vollmond, ich bin in der Nacht aufgewacht, und beim Betrachten der Landschaft konnte ich der starken Versuchung kaum widerstehen, nach draußen zu gehen. Am Morgen dichter Nebel und das Licht des Vollmonds, das durch die Nebelwand drang wie die Beleuchtung einer Theaterkulisse, wundervoll und zugleich surreal und irgendwie magisch.

Eine Mail, die heute Morgen reinkam, hat mich sehr nachdenklich gemacht. Ich habe lange überlegt, wie ich darauf antworte. Sie kam als Reaktion auf ein Mini-Radiointerview, das heute Morgen ausgestrahlt wurde. Tenor des Absenders: »Toll, wie Sie leben, das will ich auch. Ich bin so enttäuscht von den Menschen. Meine Katzen geben mir viel mehr. Wo finde ich denn so einen Bauernhof?« Solche Reaktionen erreichen mich manchmal, vor allem, wenn Menschen nur kleine Ausschnitte von meinem Leben sehen, hören oder lesen. Die meisten Menschen wissen nicht oder können sich nur schwer vorstellen, was freiwillige Einsamkeit – oder besser: freiwillige Zurückgezogenheit – bedeutet. Welche Auswirkungen sie haben kann. Es ist für mich auf jeden Fall eine beständige Herausforderung, so zu leben. Aber: Ich lebe nicht so, weil ich Angst vor den Menschen habe oder sie verachte und geringschätze. Ich liebe Menschen – okay, manche mehr, manche weniger. Aber grundsätzlich sehe ich jeden Menschen genauso wie mich: als Geschenk Gottes. Es war gar nicht so einfach, auf die Mail so zu antworten, dass der Absender hoffentlich nicht verletzt wurde.

Im Morgengebet, den Laudes, eine wunderschöne Lesung, die immer an den ersten vier Sonntagen der Fastenzeit angeboten wird: »Heute ist ein heiliger Tag zu Ehren des Herrn, unseres Gottes. Seid nicht traurig und weint nicht! Macht euch keine Sorgen; denn die Freude am Herrn ist eure Stärke!« (Nehemia 8,8b.10b). 2500 Jahre alte Worte, die nicht darauf abzielen, Gott einen guten Mann sein zu lassen und dem Leid und der Not der Welt den Rücken zu kehren. Im Gegenteil. Aus dem Text erwächst für mich eine grundsätzlich positive Einstellung zum Leben, aus der die Kraft entspringen kann, sich in der Welt zu engagieren, wie und wo auch immer.

MONTAG, 1. MÄRZ

Strom ist wieder weg. Und Frieda, meine alte Leitziege, scheint krank zu sein. Also erneut den Elektriker anrufen und den Tierarzt. Die Ursache des Stromausfalls: Ein Außenkabel ist defekt, also eine relativ kleine Katastrophe. Der Tierarzt kam erst am Nachmittag.

Bei Spitzer las ich heute Morgen: »Einsamkeit erlebt jeder von uns … und man sollte sie nicht als ›Nebensache‹ abtun. Sie kann jeden befallen, Jung und Alt, Mann und Frau, Arm und Reich. Und langfristig bringt sie uns um.«[12] Spontan denke ich: Irgendwas scheine ich falsch zu machen und das schon sehr lange. Nicht nur, dass ich seit 28 Jahren in der Einsiedelei lebe mit meist starker Reduzierung meiner Kontakte. Schon als Mädchen und junge Frau bin ich früher oft allein unterwegs gewesen, bin tagelang allein gewandert und habe manchmal im Wald geschlafen. Oder ich bin als Gast für ein langes Wochenende in eine kleine Pferdepension gegangen und stundenlang auf einem Pferd durch die Landschaft gezogen. Ich habe es immer total genossen. Nachdem Spitzer schreibt: »... langfristig bringt sie uns um«, denke ich plötzlich: Je weiter ich in diesem Buch lese, desto mehr habe ich das Gefühl, dass Spitzer Einsamkeit einseitig und ausschließlich eingrenzt – und damit definiert – über bestimmte negative Auswirkungen. Natürlich gibt es diese, und sicher sind sie nicht selten. Ich stimme ihm auch zu, wenn er den wachsenden Trend von Narzissmus und Egozentrik in der europäischen Gesellschaft anprangert. Aber das ist doch nur eine Seite der Medaille!

Witzig: Danach erwähnt er tatsächlich die Einsiedler. »Auch eine noch so große Gruppe von Einsiedlern oder Narzissten ist keine Gemeinschaft.«[13] Ich halte es Herrn Spitzer jetzt mal von vornherein zugute, dass er Einsiedler (und Einsiedlerinnen!) nicht automatisch mit Narzissten in einen Topf wirft. Ich glaube, Spitzer kann aufgrund seines ausschließlich negativen Blicks auf Einsamkeit nicht sehen, nicht wahrnehmen, welche positiven Auswirkungen Einsamkeit auch haben könnte.

Am Nachmittag war der Tierarzt da, Frieda hat Fieber, die Lunge ist aber frei. Der Tierarzt gab ihr eine Spritze mit Antibiotika und Schmerzmittel, das alte Mädchen hat leider ziemlich gebrüllt dabei. Eine zweite Spritze soll ich in zwei Tagen setzen.

MITTWOCH, 3. MÄRZ

Frieda geht es besser, also entscheide ich mich, ihr die Klauen zu schneiden. Und da Freundin Irmgard sie gut hält, gibt es die zweite Spritze sofort hinterher. Noch zwei Zwergen »ordentliche Füße« gemacht.

Am Abend spinnt mal wieder der Computer. Mist! Vernünftig arbeiten ist also abgesagt. Habe den Tag in der Kapelle mit einer Meditation über eine Stelle im Matthäusevangelium abgeschlossen. Die schöne Geschichte von der Mutter zweier Jünger, die Jesus um bessere Plätze für ihre Söhne bittet. Hoffentlich knallen bei der Aussage Jesu dazu einigen in der Kirche die Ohren: »Ihr wisst, dass die Herrscher ihre Völker unterdrücken und die Großen ihre Vollmacht gegen sie gebrauchen. Bei euch soll es nicht so sein, sondern wer bei euch groß sein will, der soll euer Diener sein, und wer bei euch der Erste sein will, soll euer Sklave sein« (Matthäus 20,25a–27). Ich sende einen »schönen Gruß« Richtung Köln … in Gedanken!

DONNERSTAG, 4. MÄRZ

Voller Tag und große Müdigkeit.

Am Nachmittag Teilnahme an einer Bibelgruppe per Telefonkonferenz. Ich bin als Gast geladen und finde es eine erstaunlich positive Erfahrung.

Am Abend den Stall zugemacht und den Vorfrühlingssternenhimmel bestaunt. Der Große Wagen steht genau über der Klause, die Deichsel zeigt schnurgerade nach Nordost. Das Sternbild erinnert mich immer an einen amerikanischen Roman (Autor und Titel habe ich vergessen, ist schon sehr lange her), in dem es um die Befreiung der schwarzen Sklaven in den Südstaaten ging. Der Große Wagen, sie nannten ihn den Großen Kürbis, wies ihnen mit seiner Deichsel die Richtung, in die sie fliehen mussten, um in die Nordstaaten zu kommen. Dort waren sie frei. So ein herrlicher klarer Nachthimmel! Er löst bei mir immer das Gefühl aus, dass er mich irgendwie hochzieht, hinein in diese Klarheit und diese dunkle Schönheit.

SONNTAG, 7. MÄRZ

Frieda scheint wieder rundherum fit zu sein, wenn man die gedrosselte Lebendigkeit des Alters abzieht. Und ein alter Freund hat heute Vormittag den Laptop auseinandergenommen … Darin sei ein ganzer Teppich gewesen, so viel Staub, Dreck, Fusseln. Irgendwas hat er auch noch ausgetauscht und jetzt läuft das Schätzchen wieder wie'n Dittken. Die Sonne hat sich zwar hinter hellgrauen Wolken versteckt, aber ich krame eine alte CD von Bette Midler raus, *The Rose,* und tanze. Sie hat immer gute Texte gehabt, die Bette. »When the night has been too lonely and the road has been too long / And you think that love is only for the lucky and the strong / Just remember in the winter, far beneath the bitter snows / Lies the seed that with the sun's love in the spring becomes the rose.« – Wenn die Nacht zu einsam war und die Straße zu lang und du denkst, dass die Liebe nur für die Glückspilze und die Starken da ist, dann denk daran, dass im Winter unter dem Schnee der Same liegt, der durch die Sonnenliebe im Frühling zur Rose wird.

DIENSTAG, 9. MÄRZ

Gestern Abend endlich einmal wieder einige Gedichte von Halina Poświatowska (1935–1967) gelesen. Seit Jahren liegt der einzige ins Deutsche übersetzte Gedichtband dieser außergewöhnlichen Lyrikerin aus Polen auf den Buchtürmen der von mir geliebten lyrischen Werke und ich schaue viel zu selten hinein.

teile mit mir
das tägliche Brot meiner Einsamkeit …
sei mir eine Tür
vor allem eine Tür
die man öffnen kann
sperrangelweit[14]

Ihre Gedichte sind voller Leidenschaft, ja manchmal sind sie wild und melancholisch zugleich. Immer vom Tod bedroht durch eine schwere Herzerkrankung und früh Witwe geworden, hat sie sich immer nach Liebe und Leben gesehnt. Die Liebe eines Menschen als Öffnung zum Leben: »Tür / die man öffnen kann / sperrangelweit«.

Am Nachmittag bei L. angerufen. Eine Freundin teilt mir leise mit: »Wenn Sie sie noch sehen wollen, kommen Sie jetzt.« Ich fahre sofort los. L. ist nicht mehr ansprechbar, ich sitze mit den anderen Freundinnen an ihrem Bett, streichle ihre Hand und bete leise um einen guten Heimgang.

MITTWOCH, 10. MÄRZ

L. ist letzte Nacht in das ewige Zuhause gegangen. Sie ist friedlich eingeschlafen mit der ganzen Familie und Freunden um ihr Bett. So, wie sie das immer wollte. Gute Reise ins Licht, meine Liebe!

DONNERSTAG, 11. MÄRZ

Klaus braust ums Haus. Das Sturmtief ist angekommen, Blätter und kleine Äste klatschen an die Fenster. Ich habe die leise Hoffnung, dass der starke Westwind vielleicht all das Laub in den Wald weht, was ich noch aufsammeln müsste. Bei solchen Wetterlagen, die wir hier oft haben, sitze ich manchmal am Fenster und während der Regen an meinen Fenstern herunterrinnt ist es, als wäre ich der einzige Mensch auf der Welt.

Bei Spitzer lese ich über eine Studie, derzufolge die Fähigkeit zur Empathie im Zeitraum von 1979 bis 2009 stark zurückgegangen ist.[15] Etwas weiter hinten im Buch kommt er darauf zurück und führt aus, dass die heutigen, manchmal massiv genutzten Social-Media-

Kontakte mit Internet und Smartphone vielfach die sozialen Kontakte in der Realität ersetzen. Eine Auswirkung davon seien Depressionen und die sich dadurch mangelhaft entwickelnde Fähigkeit zur Empathie, vor allem bei jugendlichen Nutzern.[16] Mein persönlicher Kontakt zu Jugendlichen ist eher selten, seit auch meine Nichten, mein Neffe und mein Patenkind nicht mehr in die Kategorie jugendlich gehören. Und seit Corona kommen auch keine Firmlingsgruppen mehr zur Klause. Aber ich nehme es schon ab und zu im Bus oder in den Dörfern wahr, dass die jungen Leute nebeneinandersitzen und chatten statt miteinander zu sprechen. Vielleicht bin ich ja schon zu alt, um daran Freude zu haben. Aber ein Gespräch von Angesicht zu Angesicht ist mir mit Sicherheit lieber.

Empathie – ein Begriff, der heute oft verwendet wird. Ich sitze am Abend noch lange in der Kapelle und lasse das Wort und seine Assoziationen in mir hochsteigen. Und versuche, meine Zuneigung, meine Freundschaft zu L. und den Schmerz über ihren frühen Tod zuzulassen, aber mit der beständigen und starken Hoffnung, dass sie nicht in ein Nichts gegangen oder gefallen ist, sondern in das volle Leben bei Gott heimgekehrt ist. Für heute meine Definition von Empathie.

FREITAG, 12. MÄRZ
Die Trauer über den Tod von L. holt mich ein. Ich lasse die Arbeit liegen, setze mich in die Kapelle und erinnere mich an die Begegnungen mit ihr und mit ihrem auch schon verstorbenen Mann.

SONNTAG, 14. MÄRZ
Hänge voll in den Seilen und lasse alles liegen. Gestern lange im Ziegenstall gewesen und in das Fell von Frieda geweint. Trotz aller Hoffnung auf das ewige Leben bei ihm ist Gott manchmal echt schwer zu verstehen! Und dabei ist heute der vierte Fastensonntag, Laetare: Freuet euch …

MONTAG, 15. MÄRZ

Beerdigung von L. Eine lange hl. Messe mit ihren Lieblingsliedern und berührenden Worten von unserem Pastor. Es tut gut, anschließend still in meiner Kapelle zu sitzen und die Trauer zu akzeptieren.

DONNERSTAG, 18. MÄRZ

Die Forsythien öffnen ihre Blüten, die Zwerge toben herum und ich kann Gott danken für die Zeit mit L. Erinnerung ist manchmal wie ein leiser Herzkrampf mit einem kleinen Lächeln, das in den Augen schmerzt.

SONNTAG, 21. MÄRZ

Müder Sonntag, fauler Sonntag. Zeit, auszuruhen!

MONTAG, 22. MÄRZ

Peter ist angekommen. Er ist ein Gast, der es aushält in der sehr einfachen und vor allen Dingen zurzeit sehr kalten Gästehütte, und ein sehr lieber alter Freund, mit dem ich wunderbar diskutieren kann über alle Themen des geistlichen Lebens. Vorwiegend über Kontemplation. Ein Begriff, den manche Menschen mit geistlicher Wellness verwechseln. Peter ist Leiter eines Zen-Meditations-Abends und Assistent von Zen-Lehrern. Manchmal erzählt er von Teilnehmern (ohne Namensnennung natürlich!), die nicht verstehen, dass Kontemplation nicht Passivität bedeutet, sondern höchste Aktivität. Vor allem, weil es nach und nach fast wie in einem Bergwerk immer tiefer in die Schichten des eigenen Ichs, der eigenen Seele gehen kann. Und nur wer loslässt, nur wer dies zulässt, kommt wirklich weiter. Es tut sehr gut, mit Peter zu sprechen! Mein Alleinsein hat ähnliche Auswirkungen. Auch meine Einsamkeit öffnet die Türen (oder wie soll man das benennen?) zu den tieferen Schichten in mir.

DIENSTAG, 23. MÄRZ

Irmgard, eine ebensolche sehr gute Freundin, bringt mir nach einer heftigen Niesattacke einen Corona-Schnelltest mit. Bin negativ.

MITTWOCH, 24. MÄRZ

Ein Traumwetter heute. Ich habe versucht, endlich ein wenig im Garten zu arbeiten und das Gelände aufzuräumen. Laub zusammenzukratzen, Rasen neu einzusäen, zusammen mit Peter Berge von Schutt aus dem Boden zu holen. Jahrzehntelang haben Vormieter und Vorbesitzer alles im Boden verbuddelt. Es bleibt eine schier endlose Arbeit für die nächsten Jahre, all den Müll rauszuholen. Am Abend ein sensationeller Flash in allen Schattierungen von Dunkelgelb, Orange und Rot am Nordwesthimmel, während die Sonne untergeht.

FREITAG, 26. MÄRZ

Das Wetter hält sich. Im Garten viele erfrorene Pflanzen herausgezogen. Es ist wie ein Symbol für die Nachrichten, die mich von einem Menschen erreichen, den ich nur flüchtig kenne, aber schon lange im Gebet begleite. Er hat große psychische Probleme, die durch die Corona-Maßnahmen noch verstärkt werden. Alle Freude, alle guten Gefühle sind in ihm wie erfroren. Nur Aggression bleibt, die sich nach innen, auf ihn selbst richtet. Ich wünschte, wir könnten öfter telefonieren, und vor allem: er fände endlich einen Therapeuten, der passt, den er akzeptieren kann.

Am Abend eine lange Meditation zum Tagesevangelium, Johannes 6,52–59. Die Jünger sind, wie manch gläubiger Mensch auch heute, bestürzt und verwirrt über Jesu Ankündigung: Wer mein Fleisch isst und mein Blut trinkt, hat das ewige Leben. Nein, das hat nichts mit Kannibalismus zu tun. Aber die Tatsache ist für mich sonnenklar, dass Jesus meint, sein ganzes Dasein hinzugeben, und zwar in dem, was er uns bis heute in jeder hl. Messe schenkt: sich selbst in Brot und Wein.

Der Tod von L. klingt immer noch schwer und traurig nach in mir. Aber ich bin fest überzeugt, dass sie dort, wo sie jetzt ist, sozusagen die Quintessenz allen Lebens besitzt. Vielleicht hat mich ihr Tod auch deshalb so mitgenommen, weil er mich wie viele Tode in der Welt an die Zerbrechlichkeit und an das Unheile in dieser Welt erinnert.

SONNTAG, 28. MÄRZ
Ein wunderschöner Palmsonntagsgottesdienst in meiner Kapelle. Natürlich mit coronakonformer Minibesetzung, aber mit viel Stille, guten Gedanken und zwei sehr leise gesungenen Liedern.

MITTWOCH DER KARWOCHE, 31. MÄRZ
Herrliches Wetter, unglaubliche 24 Grad. Sehr stille und innige Woche bis jetzt. Und so wird auf jeden Fall auch der Ostersonntag sein – aber mit viel innerer Freude. Nur die Nachrichten von den allmählich wohl wieder stei-

genden Corona-Zahlen trüben den Tag ein. Und damit verbunden auch die Meldungen über die großen Schwierigkeiten der Menschen, die in Quarantäne sind.

OSTERMONTAG, 5. APRIL

Rasanter Wetterumschwung mit viel Schnee. Ich sitze in der Kapelle und schaue zu, wie langsam alles unter der weißen Decke versinkt. Es hat fast so etwas wie einen magischen Touch, dieses lautlose Sinken und Fallen.

Den Katzen macht das Wetter nicht so viel aus. Sie haben ausreichend geschützte Plätze in den Schuppen und pennen fast den ganzen Tag die Kälte weg. Meine Zwerge aber brauchen jetzt wieder mehr Stroh im Stall und die Wärmelampe brennt den ganzen Tag.

MITTWOCH DER OSTEROKTAV, 7. APRIL

Heute früh kurz vor 6.00 Uhr die gelbe Tonne runter zur Straße geschoben. Ein schöner klarer Morgen. Alles ist verschneit, gleichzeitig lautes Vogelgezwitscher. Habe zwei Rehe und einen Fasan aufgeschreckt und weiß nicht, wer sich mehr erschrocken hat – ich oder der Fasan. Es ist um diese Zeit oft eine wunderbare Stimmung so früh am Morgen. Wenn man dafür bloß nicht so früh aufstehen müsste.

Vom Einkaufen Schnelltests mitgebracht, Test gemacht, bin Gott sei Dank negativ.

Am Nachmittag wie so oft zwei Stunden am Telefon verbracht. Mehrere Anrufe von Menschen, denen Angst und großer Kummer schwer zu schaffen machen. Bei vielen löst die Vorstellung der Isolation, der Corona-Quarantäne, heftige Abwehrbewegungen aus bis hin zu exzessivem Alkoholkonsum. Schwierige Gespräche, bei denen ich nach Möglichkeit versuche, sie vorsichtig auf andere Wege der Angstbewältigung zu lotsen. Zum Beispiel aufschreiben, was einen belastet, Gedankenreisen und Ähnliches. Per Telefon echt schwierig, vor allem, wenn mir die Anrufer mehr oder weniger unbekannt sind.

DONNERSTAG DER OSTEROKTAV, 8. APRIL

Vormittags ein kleines Telefoninterview für einen Podcast im Netz. Anschließend – endlich! – lange gespült, mit Musik. Und allmählich muss ich mich so langsam wieder Herrn Spitzer zuwenden! Sein Buch lese ich allerdings nicht komplett, sondern eher punktuell. Den ganzen Wust an Studien und Analysen brauche ich nicht. Aber seine generelle Sichtweise ist schon interessant. Vor allem, wenn es ihm um die Erkenntnis geht, wie sehr wir Menschen Gemeinschaftswesen sind, was uns diesbezüglich ausmacht und wie tief soziale Aspekte in uns verwurzelt sind.[17] Besonders zustimmen kann ich ihm, wenn er ausführlich über die positiven Auswirkungen von Naturerlebnissen schreibt. Wie wir Menschen uns beim Erleben von Natur als Teil eines größeren Zusammenhangs erfahren. Das ist ja genau der Fokus, der Schwerpunkt, den ich bei einem Buch herausarbeite, an dem ich vor Wochen begonnen habe zu arbeiten.

SAMSTAG, 10. APRIL

Habe heute Vormittag das letzte Gatter an der Nordweide zusammengezimmert, am Nachmittag die Holzsplitter aus der Hand gepult. Ich arbeite nicht so gern mit Handschuhen – das rächt sich. Am Abend langes Telefonat mit einer Frau, die von einem echten Zickenkrieg in der Gemeinde erzählt. Reichlich herzlose Profilierungssucht und ausgeprägtes Darstellungstheater verbunden mit Mobbing. Es hat durchaus Vorteile, Einsiedlerin zu sein (Ironiemodus aus).

SONNTAG, 11. APRIL

Heute ist der Todestag von Bruder Reyner von Osnabrück. Er lebte 1211–1233 als Inkluse (Eingemauerter) im Dom von Osnabrück. Irgendwann schreibe ich sein Leben auf. Oder mache einen Roman daraus.

MONTAG, 12. APRIL

Ich hab draußen mal wieder zu viel geackert, am Abend schmerzt der Rücken und die Hüfte tut weh. Schlafen geht nur mit Schmerzmittel. Und die Corona-Zahlen steigen.

Aber am Nachmittag gab es eine große Freude: ein Gartenrotschwanz und ein Hausrotschwanzmännchen im Garten. Ich ertappte mich dabei, wie ich leise flüsterte: Ja, los, sucht einen Nistplatz, bitte hier nisten. Aktuell sind um die Klause 25 verschiedene Nistkästen für die unterschiedlichsten Vogelarten, dazu drei künstliche Schwalbennester und zwei Fledermaushöhlen. Einen Gewölbestein für die Flattertiere muss ich noch auf dem Dachboden anbringen.

Am Abend eine Meditation (mit Decken und auf dem Stuhl!) zum Tagesevangelium Johannes 3,1–8: Im Gespräch mit Nikodemus, einem Pharisäer, geht es um das Fleisch und die Natur des Fleisches, die einer Neugeburt bedarf, um wirklich Mensch zu werden im Sinne Jesu. Eine Stelle im Evangelium, über die ich immer wieder lange meditieren kann. Vor allem natürlich, weil ich diese Neugeburt in meiner persönlichen Geschichte erleben durfte.

MITTWOCH, 14. APRIL

Am Abend ein Brandanruf, ein tief verzweifelter Mensch, dem ich nur zuhören konnte und kaum eine Lösung hatte für das Problem. Bin spät ins Bett, völlig k. o. Die blöde Hüfte lässt mich nicht schlafen, also stehe ich auf und schreibe Tagebuch und ein paar Gedichte.

DONNERSTAG, 15. APRIL

Heute zum Arzt, er hat Verdacht auf Arthrose. Mist!! Termin nächsten Dienstag beim Orthopäden zum Röntgen.

SONNTAG, 18. APRIL

Hl. Messe coronabedingt mal wieder in Minibesetzung ohne Singen mit Maske, aber mit viel innerer Freude. Am Nachmittag auf You-

Tube ein Video von Angel City Chorale gefunden. Klasse Musik von einem wundervoll gemischten Chor: 160 Menschen aller Hautfarben, aller Konfessionen, mit vielen ethnischen Hintergründen. Und laut der Leiterin hält alle nicht nur die Freude am Singen zusammen, sondern ein großer Respekt für die unterschiedlichen Lebensgestaltungen. Toll! Ich wünschte, das könnte ich über meine Kirche auch sagen.

DIENSTAG, 20. APRIL

Die seit Tagen mich plagenden Hüftschmerzen sind keine Arthrose, sondern eine Schleimbeutelentzündung. Ich bin sehr erleichtert nach dem Besuch beim Doc heute. Am Nachmittag in vollen Zügen das Traumwetter genossen. Die Sonne tut sehr gut. Im Nistkasten für die Schleiereulen tobt der Bär. Scheint ein Pärchen zu sein, die Trampelei und Schreiattacken lassen vermuten: Sie machen hoffentlich viele kleine Schleiereulen.

Der Doc hat mir ein Medikament verschrieben. Aber ich habe den Waschzettel gelesen und werde es nicht nehmen. Eine Freundin, die Krankenschwester ist, schimpft mich aus: »Waschzettel liest man nicht!« Doch, ich immer!

MITTWOCH, 21. APRIL

Am Abend in der Dämmerung leise um die Klause geschlichen. Genau richtig. Oben aus dem Einflugloch schaute das Gesicht einer kleinen, recht dunklen Schleiereule raus, flog weg, sofort hinterher eine größere weiße. Also doch ein Pärchen. Bin überglücklich.

DONNERSTAG, 22. APRIL

Ein Gast, dem es aufgrund von Corona plus Arbeitslosigkeit extrem schlecht geht, kommt für ein paar Tage. Sehr müde, sehr ausgelaugt und auch leicht verzweifelt, weil es mit einer festen Stelle einfach nicht klappen will.

Die nächste Zeit ist gefüllt mit Gesprächen, mit gemeinsamem Gebet, mit gemeinsamem Gebet und Gesprächen. Zum Schreiben komme ich kaum. Der Frust sitzt einfach sehr tief bei diesem Menschen.

SONNTAG, 25. APRIL

Wir sind zum Essen eingeladen bei einer Freundin und ihrer Mutter, die beide schon geimpft sind. Wir sind laut Schnelltest negativ. Etwas Entspannung bei meinem Gast, wir können sogar ein paar Mal herzhaft lachen. Am Nachmittag sehe ich im aufblühenden Garten einen Trauerschnäpper und ein Stieglitzpärchen.

Am Abend noch einmal das Evangelium von heute gelesen. Der Hirte und die Schafe – ein Bild von Christus und uns Menschen. Für mich auch ein Bild der tiefen Verbundenheit von Gott und den Menschen. Und mit dem Hirtendasein kenne ich mich ja gut aus. Mich verbindet mit meinen Ziegen wesentlich mehr als nur die Haltung von irgendwelchen Nutztieren. Was auch daran zu merken ist, dass sie auf mich hören. Schöne Parallele zum Evangelium »Ich bin der gute Hirt; ich kenne die Meinen und die Meinen kennen mich …«

(Johannes 10,14). Wenn er auch meinen Gast kennt, hilft er ihm – und dieser spürt es nicht? Die Stunden mit ihm sind schwer auszuhalten, so viel Frust und auch Angst. Trotz all der Gespräche dringe ich kaum zu ihm durch. Es ist, als wäre eine Mauer der inneren Isolation in ihm aufgerichtet. Undurchdringlich.

DIENSTAG, 27. APRIL

Geburtstagsbesuch bei einer lieben Freundin am Rand des Dorfes mit Blumen und Geburtstagslied durch die Maske hindurch.

Am Nachmittag ein intensives Telefonat mit einem Menschen, der gerade einfach nicht mehr weiterweiß. Mir bleibt wie so oft einfach nur, zuzuhören.

Oben auf dem Dach im Schleiereulennistkasten alles relativ still. Ich hoffe, sie sitzt schon auf den ersten Eiern.

MITTWOCH, 28. APRIL

Weitere Gespräche mit meinem Gast, dazu mehrere Telefonate mit Ratsuchenden. Komme kaum zum Schreiben und mein Gebet ist echt unkonzentriert.

FREITAG, 30. APRIL

Mein Gast ist abgereist. Es war eine Woche vollgepackt mit Zuhören, ich bin so angefüllt mit Worten und Klagen und so erleichtert, dass die Woche endet, dass ich den Termin mit der Journalistin völlig vergessen habe … und die Küche sieht aus … Die Journalistin kommt vom WDR. Sie meint bzgl. Küche: »Macht nichts, ist ja fürs Radio, nicht fürs Fernsehen.« Gott sei Dank! Wir haben ein langes und gutes Gespräch für ein Radiofeature zum Thema Eremiten. Am Abend nach dem Schließen der Stalltüren die erste Fledermaus gesichtet. Hoffentlich finden sie die Nistkästen!

SAMSTAG, 1. MAI

Pause, ein Tag Pause und Ruhe. Ich mache einen langen Spaziergang mit den Banditen (den Ziegen), die übermütig durch das Wäldchen toben und sich den Bauch vollschlagen mit dem frischen Gras. Gute Meditation am Abend zum Gleichnis vom Sämann. Ein schönes Gleichnis im Frühling. Alles sprießt und wächst, es ist wie eine Art Hintergrundbild im Kopf und im Herzen, um einmal nachzuspüren, was wohl meine Blüten und Früchte sein könnten.

SONNTAG, 2. MAI

Heute Morgen nach einem Internetgottesdienst endlich wieder mal gespült. Irgendwann werden Besteck und Teller ja doch knapp. Bin auch später aufgestanden, denn gestern Abend war wieder ein frostklarer Sternenhimmel zum langen Staunen.

In den Nachrichten kamen Infos zu den 75. Ruhrfestspielen. Motto dieses Jahr: Utopie und Unruhe. Gutes Motto! Die Zeiten sind schwierig und unruhig, das merke sogar ich. Corona hat vieles sichtbar gemacht. Die meisten Menschen können mit einer langen Krise nicht umgehen. Die Maßnahmen empfinden viele als Zwangsisolation. Für mich wirkt manches so, als hätten viele wenig bis keinen Selbststand. Ihre Identität wird bestimmt von Dingen, die von außen kommen, nicht von dem, was in ihnen lebt oder zumindest angelegt ist und sich entfalten könnte und sollte. Fallen diese äußeren Dinge weg, scheint ihre Identität die klare Kontur zu verlieren. Oder zerbröselt wie trockener Kuchen. Mir fällt dabei immer dieser kurze Dialog aus Berlin ein: »Mensch, geh doch mal in dich!« – »Da war ick schon. Is ooch nischt los.«

Ich erinnere mich noch oft an die ersten Jahre in meinem Hutzelhäuschen, die erste Einsiedelei. Sie war eine alte Flüchtlingsbaracke. Kalt, zugig, aber der konkrete Beginn. Und natürlich war jeder Tag überfrachtet von Bildern und Vorstellungen der alten Wüstenmütter und Wüstenväter: asketische Hochleistungsmönche in meinem Kopf. Es war ein harter Prozess, den eigenen Weg zu finden. Wenn ich bei der Morgenmeditation wieder mal zur Seite gekippt war vor Müdigkeit, auf den alten Holzdielen eine Stunde Schlaf nachholte und mir dann bittere Vorwürfe machte, war das ein heftiger innerer Kampf um die richtige Einstellung. Es hat gedauert, bis ich das richtige Maß von Schlaf, Gebet und Arbeit finden konnte. Die Einsamkeit dieser ersten Jahre war ein mühsamer Weg nach innen und damit auch eine manchmal brutale Ernüchterung. Heute bin ich dankbar dafür.

Frieda scheint wieder krank zu werden. Draußen ist es immer noch sehr kalt und nass. Geld für den Tierarzt ist gerade nicht vorhanden, also beim nächsten Einkaufen kostengünstig Homöopathie holen.

MONTAG, 3. MAI

Heute Nachmittag feiern wir wieder coronakonform die hl. Messe in Minibesetzung mit Maske und ohne Singen. Seufz! Dafür gerade alles gründlich geputzt und dann Pause mit großem Milchkaffee. Immerhin wird schon ein geimpfter Mensch dabei sein. Mein Impftermin ist im Juni.

Am Abend langes Telefonat mit S. Die Mutter schwer krank, unter den Geschwistern Groll und Hass, schon die verzweifelte Schilderung von S. ist nur schwer auszuhalten. Das lässt mich anschließend noch lange nachdenken über Menschen, die derart angefüllt sind mit zerstörerischer Wut. Wie würden sie sich selber sehen? Meinen sie, das gehört zu ihnen, zu ihrer Person, ihrer Identität? Ich habe schon ein paar Mal Menschen live erlebt, die eine solche zerstörerische Wut in sich tragen, und versucht, mit ihnen zu sprechen, manchmal auch zu diskutieren. Ich weiß, Wut kann auch positive Kräfte freisetzen, etwa den Entschluss, endlich mit etwas Gutem anzufangen oder etwas Schlechtes zu beenden. Aber dieses Gemisch aus Wut und Hass macht mich ratlos, denn Zuhören oder einen anderen Weg versuchen dringt meist nicht zu ihnen durch.

Meine kranke Ziegenoma Frieda habe ich in den Stall gesperrt für die Nacht, da schläft sie warm und sicher.

DIENSTAG, 4. MAI

Habe heute meine Freundin Irmgard mit ihrem Auto zum Zahnarzt gefahren. Ich genieße es sehr, wenn ich ab und zu mal wieder ein Auto fahren darf. Habe nach der OP uns beide wieder zurückgefahren und in der Zwischenzeit an der Pforte des Benediktinerinnenklosters schnell neue Hostien für die Kapelle geholt.

Am Nachmittag und am Abend mehrere Telefonate mit Menschen auf der Suche. Die Mutter des verzweifelten S. ist jetzt auf einer Palliativstation, die Geschwister mobben gewaltig.

Frieda bekommt ab heute Homöopathie mit einer Trockenaprikose oder einer Bananenscheibe – ich weiß nicht, was mehr hilft, die Leckerei oder die Globuli. Immerhin schläft sie bei der Kälte gut und ohne Störung im Stall.

MITTWOCH, 5. MAI

Heute Vormittag bei Spitzer gelesen: »Man kann es auch folgendermaßen formulieren:

Weil Menschen Gemeinschaftswesen sind, bereitet ihnen Einsamkeit Stress und Gemeinschaft Freude. Daher führen entsprechende Handlungen, die auf mehr Gemeinschaft hinauslaufen, zu größerem Wohlbefinden.«[18]

Okay, kann ich unterschreiben. Aber ich lebe seit 1994 mit teilweise extrem reduzierten sozialen Kontakten. Und fühle mich normalerweise sehr wohl dabei. Ich glaube, Spitzer nimmt Einsamkeit eher als Begriff für Isolation. Einer Isolation, die auf schmerzhaften und ungewollten Defiziten beruht. Dann kann ich verstehen, dass er Einsamkeit als tödlich beschreibt. Die vielen Studien und Analysen, die ich nicht alle lese, scheinen das zu bestätigen. Aber das bringt mich dazu, mich weiterhin noch mehr mit meiner Form der Einsamkeit, des Alleinseins, der Zurückgezogenheit zu beschäftigen. Ich lasse mich mal darauf ein und schaue, wo ich ankomme bei diesen Reflexionen.

War nachmittags einkaufen und habe bei der Dorfgärtnerei schon mal ein paar Tomatenpflanzen gekauft und eine blaue Clematis. Bei den beiden anderen Waldreben (online bestellt) scheint es zweifelhaft, ob sie durchkommen. Die eine stand am Waldrand und Rehe haben sie abgefressen, die andere ist immer noch ziemlich mickrig. Die neu gekaufte Clematis kommt ziegensicher an die Hauswand.

Habe begonnen, eine große Insektenwand zu bauen – wird kein Insektenhotel, eher ein Riesenmietshaus.

FREITAG, 7. MAI

Immer noch kalt und regnerisch, aber es war auch schon etwas Sonne zu spüren. Konnte endlich wieder einen vollen Tag an den Manuskripten arbeiten.

Am Abend eine gute, stille Meditation zum Evangelium vom Herz-Jesu-Freitag, Johannes 15,12–17: »Liebt einander!« Wie lesen oder hören Menschen dieses Evangelium, die unter Einsamkeit, unter schmerzhaft vermissten Kontakten leiden? Die sich also nicht freiwillig zurückgezogen haben wie ich. Für mich sind meine Stille und meine Einsamkeit von Anfang an auch ein Weg gewesen, meine Defizite wahrzunehmen und vor allem, sie (nach und nach) anzunehmen. Klar ist das herausfordernd, aber es war auch ein beständiger Reifeprozess. Der ja nur funktionierte, weil ich es wollte. Was machen Menschen, die Einsamkeit als Strafe ansehen?

SAMSTAG, 8. MAI

Am frühen Morgen ein totes Mauswiesel in der Diele gefunden. Habe meine Katzen in Verdacht bei diesen Bissspuren, Max oder Findus. Ich bin stinkwütend auf die beiden!

Heute war ein müder Tag. Ich habe endlich gespült, Wäsche gewaschen und aufgeräumt.

Am Abend auf YouTube die Tagesschau geguckt. Zwei Meldungen, die ich wichtig finde: Kinder leiden in der Pandemie stark. Ich hoffe, da kümmern sich ein paar Menschen vernünftig und nachhaltig drum! Eine 25-jährige Philosophiestudentin ist zur neuen Präses der EKD-Synode gewählt worden. Toll! Könnte sich das bitte auf katholischer Seite jemand zum Vorbild nehmen?!

SONNTAG, 9. MAI

Lange Meditation am Morgen zu Psalm 118 aus den Laudes. »Ich werde nicht sterben, sondern leben« (Vers 17); »... du bist mir zur Rettung geworden« (Vers 21,b). Anschließend lange Fürbitten für die vielen Menschen der letzten Wochen, die mir in zahlreichen Telefongesprächen ihre Sorgen erzählten und sich trauten, mich ihre Angst spüren zu lassen.

Dann Bügeln mit Mozart, volle Pulle *Jupitersinfonie*.

DIENSTAG, 11. MAI

Am Abend bei Anbruch der Dämmerung die weiße Schleiereule aus dem Nistkasten kommen sehen. Wunderbar! Das bedeutet höchstwahrscheinlich, dass sie wirklich dort brütet.

Anschließend in den Nachrichten über die Eskalation in Jerusalem gehört. Raketenbeschuss, Tote und Verletzte. Dann bei YouTube eine Doku über Wasser gesucht, deren Infos ich für das Buch über Schöpfung verwenden will. Dabei auf einen neuen Beitrag gestoßen über sexuellen Missbrauch im Bistum Speyer.

Habe den Bericht völlig schockiert angeschaut. Viel zu spät ins Bett.

MITTWOCH, 12. MAI

Ich bin total gerädert aufgewacht, sehr schlecht geschlafen. Bei den Laudes Psalm 77 gebetet. Angefangen zu weinen, ich konnte nicht mehr beten. Selbst wenn nur ein Teil der Missbrauchsfälle wahr ist, die gestern in der Doku aufkamen, ist es furchtbar. Bischof Wiesemann, den ich noch aus dem Offizialat Vechta flüchtig kenne, kann sich vorstellen, dass das Pflichtzölibat abgeschafft und verheiratete Männer zum Priesteramt zugelassen werden könnten (was es in wenigen Fällen schon gibt). Kann ihm nur voll zustimmen!

FREITAG, 14. MAI

Ein Mensch, mit dem ich seit Langem Gespräche per Telefon habe, ruft seit Wochen mehrmals am Tag an. In seiner Familie ist ein heftiger Streit, der alle, sogar die Nachbarn, belastet. Mein Zuhören entlastet ihn ein wenig, die Probleme löst es aber leider nicht.

In den Nachrichten kommen wie eine unheilvolle Begleitmusik dazu die Berichte und Bilder des wiederaufflammenden Nahostkonflikts zwischen Israel und Palästina. Der Geschwisterstreit, die Missbrauchsfälle, die Bomben, die Toten und Verletzten, alles verdichtet sich in meinem Kopf und in meinem Herzen zu einer dunklen Wolke. Die alte Frage kommt mit Macht hoch. Woher kommt das Böse? Wie kann Gott das unermessliche Leid auf der Erde zulassen? Die Frage der Theodizee hat mich in meinem Glaubensleben immer wieder aufgeschreckt und oft lange begleitet. Das Alleinsein, die mal mehr, mal weniger große Einsamkeit meiner verschiedenen Einsiedeleien in den letzten knapp 30 Jahren hat verhindert, dass ich den Fragen ausweichen konnte. Eine Antwort habe ich bis heute trotzdem noch nicht. Dennoch kann ich weiterhin diesem unbegreiflichen Gott vertrauen und empfinde das als ein überaus wertvolles Geschenk. Auch wenn es manchmal schwer ist, in der Kapelle die Fragen auszuhalten.

SAMSTAG, 15. MAI

In der Tagesschau wieder Berichte über den Nahostkonflikt. Es gibt vermehrt antisemitische Angriffe in Deutschland. In der Stille verdichtet sich alles zu fassungslosen Fragen. Corona und die damit für viele Menschen verbundene Isolation und Einsamkeit scheint vieles offenzulegen, regelrecht aufzureißen. Auch einen bei einigen Menschen vielleicht schon lange schwelenden Judenhass.

Heute Mittag eine Mail bekommen. Der Sprecher der Initiative kulturelle Integration, Olaf Zimmermann, schreibt: »Die Auseinandersetzung mit unserer Geschichte, speziell mit der Shoah, ist nie abgeschlossen. Die Initiative kulturelle Integration hat jedweder Schlussstrichdebatte eine Absage erteilt. Wie wichtig das ist, wird gerade in diesen Tagen auf unseren Straßen und sogar vor Synagogen wieder einmal deutlich. Alle in Deutschland lebenden Menschen haben eine besondere Verpflichtung, sich gegen jede Form des Antisemitismus zu wenden.«

Für mich gilt diese Verpflichtung auch in Bezug auf Verunglimpfung und Herabsetzung jedes Menschen, gegenüber Menschen anderer Hautfarbe, anderer sexueller Orientierung, anderer Herkunft.

SONNTAG, 16. MAI

Gestern Abend noch zwei lange schwierige Telefonate. Man sollte nicht erst um 21.00 Uhr zu Abend essen! Darum natürlich schlecht geschlafen und heute am Vormittag übermüdet ins Bett gefallen und drei Stunden tief und fest geschlafen.

DIENSTAG, 18. MAI

Peter zum Geburtstag gratuliert mit einem Ständchen per Telefon.

Immer wieder Regen, Regen, Regen. Am Abend nach der Meditation reißt der Himmel über der Klause für eine kurze Zeit auf, strahlende Sonne, ein Riesenregenbogen bildet sich am Himmel. Für mich jedes Mal eine Erinnerung an die Bibelstelle in Genesis 9,13: »Meinen Bogen setze ich in die Wolken; er soll das

Zeichen des Bundes werden zwischen mir und der Erde.«

Tiefe, dankbare Erleichterung auch wegen des neuen Daches. Bei solchen Regenfällen hätte ich wieder einmal mindestens nasse Füße bekommen, weil das Schlafzimmer auf der Wetterseite liegt und das Wasser dann sanft und ruhig rechts und links neben meinem Kreuz herabgerieselt wäre. Nasse Füße, nasse Matratze, kein Vergnügen! Schon gar nicht mitten in der Nacht.

DONNERSTAG, 20. MAI

Endlich ein voller Tag Sonne. Habe einen langen Gang mit den Banditen über das Gelände gemacht. Sie genießen es in vollen Zügen und ich auch. Sonnenschein vom Himmel stärkt auch die Sonne im Herzen.

Am Nachmittag mit dem Rad ins Dorf, einkaufen. Auf der Rückfahrt am Straßenrand eine verletzte Blindschleiche gefunden. Vorsichtig ins feuchte Gebüsch weit weg von der Straße gelegt.

SAMSTAG, 22. MAI
Regen und Zahnschmerzen, kriege nichts gebacken.

PFINGSTSONNTAG, 23. MAI
Am Nachmittag hl. Messe in Minibesetzung; drei TeilnehmerInnen sind schon komplett geimpft, eine nur mit Erstimpfung. Am Abend leichte Zahnschmerzen.

PFINGSTMONTAG, 24. MAI
Zusammen mit Evelyn, der ersten Vorsitzenden des Fördervereins der Klause, zu Besuch beim alten und sehr lieben Priesterfreund Norbert. Bin am Abend irgendwie k. o. Immer noch jede Menge Regen.

DIENSTAG, 25. MAI
Regen und noch etwas Zahnschmerzen.

MITTWOCH, 26. MAI

Leichte Zahnschmerzen und Regen. Ich weiß, ich muss zum Zahnarzt, und ich weiß, was er dann machen wird. Deswegen gehe ich ja nicht.

FREITAG, 28. MAI

Kaum Regen und die Wetterfrösche im Internet sagen, bald kommt Sonne. Hoffentlich.

SAMSTAG, 29. MAI

Sonne satt, herrlich! Die Bäume strahlen in einem fantastischen Grün, das Gras und die Brennnesseln wachsen wie verrückt. Die Banditen schlagen sich den Bauch voll, bis er kugelrund ist. Ich genieße die Sonne von ganzem Herzen und bin viel draußen bei den Ziegen. Die dunklen Wolken im Herzen verziehen sich ein wenig.

SONNTAG, 30. MAI

Es war eine harte Woche, also habe ich heute fast den ganzen Tag nur entweder draußen gesessen und die Sonne genossen oder in der Kapelle in Ruhe meditiert, und die Banditen und ich haben natürlich einen langen Gang über das Gelände gemacht. Am Abend endlich mal wieder etwas bei Spitzer gelesen. Eine seiner Aussagen hat mich verblüfft: Geld macht einsam! Ich hoffe nicht, dass er irgendwo den Umkehrschluss aufzeigt, dass Armut nicht einsam macht. Seine Argumentation, die sich auf eine Studie stützt, kann ich allerdings schon nachvollziehen. »Denkt man an Geld, ist man weniger hilfsbereit und ersucht andere weniger um Hilfe; man distanziert sich eher von anderen und ist lieber allein. ... Geld weckt Gedanken des Sich-selbst-genug-Seins, und die vorliegende Studie zeigt, dass Gedanken an Geld schon ausreichen, um Menschen in einen individualistischen (um nicht zu sagen: selbstbezogenen, egoistischen) gedanklichen Bezugsrahmen zu bringen.«[19]

Hm, ich habe kein Geld, meistens reicht es nur gerade so für das Nötigste. Also denke ich schon ab und zu an Geld. Aber für mich wäre das kein Grund, anderen nicht zu helfen oder, wie bei so vielen Anfragen, ihnen ein helfendes Gespräch zu verweigern. Spitzer wird Menschen meinen, die ausreichend oder mehr als ausreichend Geld haben. Das lässt mich mal wieder vermehrt darüber nachdenken, was meine Lebensform, was meine selbstgewählte Einsamkeit im Tiefsten soll. Vorläufig würde ich es beschreiben als einen Rückzug um der inneren Sammlung willen. Um meine Gottesbeziehung zu vertiefen. Mit allem, was zu einem solchen Prozess dazugehört.

MONTAG, 31. MAI

Am Vormittag eine Stunde Interview mit Radio Horeb zum Thema Musik in der Einsiedelei und was Musik bewirken kann. Zum Schluss der Sendung fragt die Moderatorin: »Bei den vielen Ziegen – warum kein Hund?« Meine Antwort: »Ja, gern einen Mastín Español, einen Herdenschutzhund, denn bei uns kommen die Wölfe allmählich auch wieder näher. Aber einen Rassehundwelpen kann ich mir nicht leisten.« Am späten Nachmittag kommt eine Mail von ihr, sie hat eine Anzeige gesehen: Mastín-Español-Welpen in Südfrankreich, Züchter ist ein Hirte und Einsiedler. Cool!

DIENSTAG, 1. JUNI
Die Moderatorin hat mir heute die Telefonnummer geschickt. Habe angerufen, langes Gespräch mit dem Besitzer über Herdenschutzhunde. Ich überlege.

DONNERSTAG, 3. JUNI / FRONLEICHNAM
Ein ruhiger Tag mit Lesen und viel Zeit am Schreibtisch. Zwischendurch immer wieder für eine kurze Meditation in die Kapelle. Ein altes *Publik-Forum Extra* von 2002 gelesen zum Thema Einsamkeit. Ein spannender Satz in dem Text, der die Leserinnen und Leser einlädt, sich auf das Thema einzulassen: »Leben ist Einsamsein, kein Mensch kennt den anderen. Aber uns selbst könnten wir

kennenlernen. … Wer sich die Einsamkeit zur Weggefährtin macht, wird frei.«[20] Durch das Heft ziehen sich mehrere Artikel, die in sehr unterschiedlicher Weise von der erfahrenen Einsamkeit der Autorinnen und Autoren erzählen. Unterschiedliche Menschen, unterschiedliche Charaktere, unterschiedliche Wahrnehmung von dem, was sie ihre Einsamkeit nennen.

Am Abend habe ich das Allerheiligste ausgesetzt. Vor Ihm, vor dieser intensiven Präsenz Jesu lange meditiert und Ihn angebetet. Vielleicht ist das die wichtigste und die entscheidendste Ursache, dass ich meine Einsamkeit, mein Alleinsein als so erfüllt und nicht als belastend ansehe. Nicht nur habe ich das Gefühl, nicht allein oder gar verlassen zu sein. Sondern ich empfinde – nein, besser: ich nehme wahr –, dass Gottes Anwesenheit hier real ist. So gesehen bin ich nie allein.

FREITAG, 4. JUNI

Bin sehr früh aufgewacht mit dem Gedanken: Ich bin allein. Etwas verwirrend; natürlich bin ich das, aber es war auch irgendwie vermischt mit einem leisen Glücksgefühl. In der Morgenmeditation dem Satz noch einmal nachgespürt. Ja, ich bin allein, aber nicht einsam. Denn ich bin allein mit dir, Gott.

Gegen 6.00 Uhr heftiges Gewitter, Blitzschlag, der Strom fällt aus und die Wasserpumpe schmiert ab. Erst gegen 11.00 Uhr wieder Strom, Pumpe bleibt aus. Mist!

SONNTAG, 6. JUNI

Kleine, innige und schöne Wortfeier mit Hauskommunion bei Freunden im Dorf.

MONTAG, 7. JUNI

Vorbereitung auf die erste Autorenlesung mit Vortrag und Gespräch seit wie vielen Monaten? 14. In Worten: seit vierzehn Monaten!

DIENSTAG, 8. JUNI

Autorenlesung mit Musik im Haus eines Bildungswerks mit einer nur kleinen Gruppe von Teilnehmerinnen und Teilnehmern wegen Corona. Anschließend ein Gespräch mit viel Freude.

Am Nachmittag alle Sakristeischränke über der Pumpe abgebaut, Pumpe repariert. Jetzt kommt wieder Wasser.

DONNERSTAG, 10. JUNI

Heute Morgen eine Damhirschkuh mit Kälbchen gesehen, die gemütlich am Ziegenzaun entlang schlenderten. Was für schöne Tiere! Am Nachmittag die erste Hornissenkönigin des Jahres gesehen. Hoffentlich nimmt sie den Hornissennistkasten an.

Alle Sakristeischränke wieder aufgebaut und eingeräumt. Intensives Arbeiten am Schreibtisch, ich muss echt das Tempo anziehen, sonst schaffe ich den Abgabetermin für das Schöpfungsbuch nicht. Draußen strahlende Sonne und 25 Grad Temperatur, ein Traumwetter und so passend zu den Texten, die ich gerade schreibe. Die Brennnesseln und der Giersch wachsen in den Himmel, was meine Banditen freuen wird.

SAMSTAG, 12. JUNI

Vormittags mit dem letzten Benzin im Rasenmäher wenigstens einen kleinen Bereich gemäht und Holz für den Winter aufgestapelt. Ansonsten schreiben, schreiben, schreiben.

SONNTAG, 13. JUNI

Habe mir einen absolut geruhsamen Sonntag geleistet mit einer Meditation zu Markus 4,26. Schon wieder der Sämann und die Botschaft des Senfkorns. Eine Botschaft, die vor dem Fenster des Arbeitszimmers ihre lebendige Demonstration findet. Und die in mir die Zuversicht wachsen lässt, dass diese Metapher ebenfalls für das Gute in der Welt gilt. Auch das, was klein und unscheinbar ist, was unbedeutend zu sein scheint – so wie ein scheues Lächeln oder ein ehrliches, freundliches Wort –, kann die Kraft haben, Veränderung zu bewirken. Ich will mithelfen, dass diese kleinen Dinge in meinem Umfeld möglich sind.

DIENSTAG, 15. JUNI

Es wird langsam heiß und ich genieße die Sonne genauso wie meine Tiere. Allerdings muss ich endlich zum Friseur, sonst sehe ich wieder aus wie Schwester Waldschrat.

MITTWOCH, 16. JUNI

Am Abend habe ich einen Vortrag in einer Gemeinde im Emsland, sehr gute Resonanz und wunderbarer Buchverkauf. Kann anfangen, die Schulden von 2020 und Rechnungen zu bezahlen. Deo gratias! Ich bin immer wieder erstaunt, wie die Menschen auf meine Vorträge oder die Schilderungen meines Lebens reagieren. Ich selbst finde das eigentlich immer ziemlich normal. Aber allein die Fragen … »Essen Sie nicht jeden Tag?« Entschuldigung, jeder, der mich sieht, wird merken, dass ich kein Untergewicht habe! »Schlafen Sie in einem Sarg?« Ehrlich! Die Frage habe ich schon ein paar Mal gehört. Nein, ich habe ein ganz normales Bett. Manchmal muss ich aufpassen, dass ich nicht anfange, hemmungslos zu lachen.

DONNERSTAG, 17. JUNI

Erste Impfung mit Biontech bekommen und keine Probleme.

SAMSTAG, 19. JUNI

Die beiden Frauen des Vorstands vom Förderverein (beides Freundinnen) und ich sind heute nach Karlsruhe zum Stadtkloster gefahren (www.stadtkloster-karlsruhe.de). Wir sind eingeladen, einen geistlichen Tag zum Thema Einsamkeit zu gestalten. Die Teilnehmerinnen und Teilnehmer sind sehr offen, alles läuft sehr gut. Am Abend predige ich über 2 Korinther 12,1–10. Fokus: das Menschsein als Von-Gott-abhängig-Sein akzeptieren, die rechte Sorge um sich selbst finden, und ich verbinde alles mit Themen aus der Schöpfungsspiritualität. Wir drei erfahren die Weg-Gemeinschaft der Menschen, die sich zum Stadtkloster gehörig fühlen, als sehr inspirierend und vor allem als menschlich-geistlich tief berührend.

SONNTAG, 20. JUNI

Tag der Begegnung im Stadtkloster. Die verschiedenen Teilnehmerinnen und Teilnehmer und der Vorstand stellen die jeweiligen Projekte vor. Sehr interessant, es herrscht eine gute, aufbauende und mutmachende Atmosphäre.

MONTAG, 21. JUNI

Rückfahrt in die Klause. Bin k. o. und schlafe fast die ganze Zeit im Auto.

MITTWOCH, 23. JUNI

Heute ein intensiver Schreibtischtag: Ich arbeite an meinem Schöpfungsbuch mit Freude, nein, mit Lust und Genuss, ebenso an meinem Kinderbuch für Weihnachten *(Ziegen an der Krippe unerwünscht)*. Für das Kinderbuch habe ich noch keinen Verlag, da muss ich noch schauen. Seit ich Buchstaben malen kann, schreibe ich Geschichten und Gedichte. Mit Schmunzeln erinnere ich mich oft an den dramatischen Liebesroman für die Schülerzeitung, der wohl eher eine Kurzgeschichte war. Ich muss so 14 oder 15 Jahre alt gewesen sein. Unglückliche Liebe natürlich und Pferde. Ich glaube, das Schreiben ist meine Form, mich der Welt zu vergewissern, sie mehr und intensiver zu begreifen. Und es ist wirklich – auch wenn viel Druck herrscht und bei allen Schwierigkeiten – eine tiefe Lust, zu schreiben.

Was mich fragen lässt, ob ich trotz allem etwas vermisse. Vermisse ich Kontakte? Vermisse ich irgendwas? Wunschlos glücklich bin ich sicher nicht, dazu nehme ich viel zu oft großes Leid, viele Schmerzen bei Menschen wahr. Und kann nicht immer helfen. Aber vermisse ich irgendetwas?

FREITAG, 25. JUNI
Habe heute versucht, den Stall auszumisten. Bin kläglich gescheitert. Viel zu viel, viel zu schwer. Ich glaube, ich werde alt! Gefällt mir nicht besonders!

SAMSTAG, 26. JUNI
Am Nachmittag in Thuine einen Vortrag gehalten. Prima gelaufen, anschließend gute Fragen, gute Gespräche und wieder ein wunderbarer Buchverkauf.

SONNTAG, 27. JUNI
Sehr ruhiger Sonntag, konnte mich gut erholen. Lange stille Meditation ohne Worte plus Mittagsschlaf. Das hat gutgetan. Am Abend habe ich mich in die Kapelle gesetzt. Einfach so, ohne zu meditieren, ohne Gebet.

In den letzten Wochen und Monaten waren meine Gedanken oft bei dem, was ich versuche zu leben. Bei meiner Einsamkeit, bei meinem Alleinsein. Was ich gelesen habe, vor allem bei Spitzer, schien meiner Zufriedenheit permanent zu widersprechen. Aber ich glaube, heute Vormittag haben sich ein paar Puzzleteilchen zusammengesetzt. Eigentlich hätte ich es schon viel früher verstehen müssen. Trotz meiner stark reduzierten Kontakte, trotz des Alleinseins bin ich zufrieden und, ja, auch glücklich, weil ich mein Leben und mein Tun als sinnvoll empfinde. Und zwar generell, nicht punktuell oder nur in gewisser Weise. Sondern komplett. Ich bin einsam, aber nicht vereinsamt.

MONTAG, 28. JUNI

Vormittags schreiben, schreiben, schreiben. Am Abend über Zoom ein langes Interview zum Thema Eremiten mit Prof. Dr. Sabine Bobert, Kiel. Interessant, aber manchmal glaube ich einen leicht esoterischen Einschlag zu verspüren, vorsichtig ausgedrückt.

MITTWOCH, 30. JUNI

Ein letzter Vortrag für eine lange Zeit, Gott sei Dank. Die Leiterin der Veranstaltung war echt lieb und bot mir ihr Gästezimmer an. Sonst hätte ich in Bonn bis um 1.00 Uhr nachts auf dem Bahnhof sitzen müssen. Mein Vortrag kam gut an, aber es gab auch Ressentiments bezüglich meiner Lebensform und ihrer kirchenrechtlichen Anbindung an Kirche und Bischof. »Wozu denn an den Bischof?« Man merkt das Erzbistum Köln …

DONNERSTAG, 1. JULI

Bin gut wieder zu Hause angekommen, alles paletti in Klause und Stall. Ein lieber Mensch hat die Banditen versorgt und die Katzen. Ich war froh, in die Stille und Ruhe zurückzukommen. Am Abend dann habe ich auf YouTube Nachrichten gehört. Schockierende Berichte, anschließend im Internet nachgelesen über die Auffindung der Kinderleichen in Kanada. In Kinderheimen – oder sollte man das besser Umerziehungsheime nennen? –, geführt von Ordensfrauen. Es war damals den

Berichten zufolge eine auf breitester Basis angelegte Zwangsassimilierung der indigenen Kinder, die bei vielen zum Tod geführt hat. Ordensfrauen! Es macht mich fassungslos. Wie kann man das Wichtigste in der Beziehung zu den Menschen, Liebe und Respekt, so dermaßen verneinen? Den Menschen zu lieben ist doch oberstes Gebot Jesu. Ihn zu lieben so, wie der jeweilige Mensch ist. Habe noch lange in der Kapelle geweint.

SAMSTAG, 3. JULI

Die letzten Tage konnte ich kaum beten. Die toten Kinder und auch die, die es wahrscheinlich mit schweren Traumata überlebt haben, sie gehen mir nicht aus dem Kopf und aus dem Herzen. Die alte Frage nach der Theodizee kommt massiv hoch. Ist das nicht auch eine Art Einsamkeit, mit schwierigen und belastenden Fragen nicht klarzukommen, niemanden fragen zu können, keine Antwort zu erhalten?

SONNTAG, 4. JULI

Ich glaube, die meisten Leute würden meinen Tagesablauf am Sonntag katastrophal langweilig finden. Immer aufstehen zwischen 6.00 und 7.00 Uhr, kleiner Milchkaffee, Katzen füttern, Ziegen füttern, Gebet und Meditation, noch ein Milchkaffee, dann meist ein (Internet-)Gottesdienst. Und irgendwie geht das in diesem Rhythmus den ganzen Tag weiter. Werktags kommt nur noch Arbeit dazu. Für mich ist das wie ein Gerüst, manchmal eine Treppe, oder besser: eine spiralförmig in die Tiefe führende Rampe zu mir selbst. Ändern würde ich das nie.

Heute war das Tagesevangelium von Markus (6,1b–6). Ich mag diesen Evangelisten sehr, vor allem, weil er der Erste war, der die Jesusgeschichte aufgeschrieben hat. Er ist irgendwie unglaublich nah dran, meine ich. Die Episode heute erzählt, dass Jesus in seine Heimatstadt kommt und in der Synagoge lehrt und dass die Leute ihn nicht annehmen, ihm nicht glauben, weil sie ihn als Sohn eines der Ihren kennen. Auch eine Art Einsamkeit – mitten unter Menschen, mit denen man bekannt oder sogar verwandt ist und die den eigenen Lebensweg nicht verstehen oder sogar ablehnen.

In der Meditation kamen die Erinnerungen an die erste Zeit hoch. An die erste Einsiedelei, die alte Flüchtlingsbaracke aus der Zeit nach dem Zweiten Weltkrieg, ohne fließend Wasser, mit undichten Fenstern und nie genug Holz zum Füttern des kleinen Ofens. Das alles waren nur relativ kleine Probleme. Aber die Leute! Die meisten dachten wahrscheinlich, das ist irgend so eine Schlampe, eine Gestrandete. Damit konnte ich noch halbwegs leben. Bitter wurde es allerdings, wenn mir nachgesagt wurde, ich würde stehlen und betrügen. War manchmal schon heftig. Was hat mich bewogen, weiterzumachen? Ich glaube, oft hat mein Sturkopf geholfen. Mich von etwas abzubringen, was ich ernsthaft will, ist echt schwer. Und dann war da immer meine tiefe Überzeugung, auf dem richtigen Weg zu sein. Nach und nach entwickelte sich aber ganz langsam auch eine Art Fähigkeit, mich auf alle Situationen, positive oder negative, einzustellen und aus Fehlern zu lernen. Diese Fähigkeit ist zwar immer noch nicht besonders stark ausgeprägt, aber immens hilfreich.

Meine verschiedenen geistlichen Begleiter waren dabei über die vielen Jahre Gold wert.

Krisen können in Einsamkeit, in der Stille, in welcher die meiste Ablenkung fehlt, eine große Wucht entfalten. Ich konnte mich immer an der Erinnerung, an dem Augenblick damals festhalten, den ich als Anruf Gottes verstanden habe. Diese Erinnerung ist bis heute ständig präsent und wie ein dickes Tau, an dem ich mich in jedem Sturm halten kann. Darum ist auch ein Gebet von Silja Walter eines meiner Lieblingsgebete, das ich täglich bete und im Stundengebet als Hymnus nehme:

Geist des Vaters
und des Sohnes Jesu Christ,
der das All erhält.
Gieß dich aus,
und als ein Zeichen,
dass du bist,
überkomm die Welt.

Deine Ankunft
wird die Wirren wieder klärn,
wenn sie uns befällt.

Geist der Wahrheit,
wandle uns in unsres Herrn
Offenbarungszelt.[21]

MONTAG, 5. JULI

Heute endlich wieder ein Gespräch mit meinem geistlichen Begleiter. Er ist Ordensmann, er bleibt ruhig, wenn ich mich aufrege. Aber heute waren wir uns in der tiefen, schockierten Bestürzung einig über die kirchlichen Kinderheime in Kanada und die Missbrauchsfälle.

MITTWOCH, 7. JULI

Sehr ruhiger, arbeitsreicher Vormittag am Schreibtisch. Am Nachmittag kam der Brunnenbohrer. Schönes, klares Wasser läuft wieder, aber die Pumpe scheint irgendwie nicht wirklich gut zu funktionieren.

Am Abend erneutes Gespräch mit einer Freundin, der es schlecht geht und die mit dem Alleinsein nicht klarkommt. Wir versuchen ganz vorsichtig auszuloten, was dahintersteckt. Raus kommt eine diffuse Angst: Wenn keiner da ist, der mir sagt, wer ich bin, bin ich nicht.

FREITAG, 9. JULI

Am Nachmittag im Internet per Zoom ein Symposium mit einer Freundin, die Professorin an der Uni Osnabrück ist. Zwei interessante Referentinnen dabei aus Deutschland und Buenos Aires. Zwischendurch ein paar fromme Anmerkungen des Bischofs.

SONNTAG, 11. JULI

Am Nachmittag langes Gespräch mit einem sehr traditionell gläubigen Gast zum Evangelium des Tages (Mk 4,26–34). Fokus: der Umgang mit Berufungssuchenden. Mein Gesprächspartner tendiert nicht dazu, dem Suchenden zuzuhören. Eher dazu, die Menschen in eine ganz bestimmte Richtung zu drängen. Für mich ist das Manipulation. Wir kommen nicht zusammen. Schade.

MONTAG, 12. JULI

Heute mit den Vorbereitungen für das Klausenfest begonnen. Rasen mähen, Hecke schneiden, aufräumen. Den Ablauf planen und hoffen, dass die Infektionszahlen von Corona unten bleiben.

Die Ziegen haben Fellveränderungen, könnte vielleicht Kupfermangel sein. Obwohl Zwergziegen normalerweise eine sehr tiefe Kupfertoleranz haben! Den Tierarzt angefragt. Am Abend stilles Gebet in der Kapelle mit Nachdenken über das Gespräch vom Sonntag.

MITTWOCH, 14. JULI

Irmgard, meine liebe Freundin, hat Geburtstag und muss heute eine kleine OP hinter sich bringen. Ich bringe sie mit ihrem schicken Auto hin und zurück und genieße das Autofahren sehr. Am Nachmittag sehr schöne hl. Messe mit Krankensalbung bei ihr zu Hause im Wohnzimmer.

DONNERSTAG, 15. JULI
Die Freundin zur ärztlichen Kontrolle gebracht. Während sie beim Doc ist, hole ich für Max Wurm- und Zeckenmittel. Er hat Flöhe und die habe ich dann leider auch. Als ich ihm abends das Mittel appliziere, wird mein Moppelkaterchen zum Tiger mit dem Ergebnis: kräftiger Stich mit seinen Krallen in meinen Zeigefinger.

FREITAG, 16. JULI
Heute die furchtbaren Nachrichten der Flutkatastrophe in Nordrhein-Westfalen und Rheinland-Pfalz gehört. Was für ein Schrecken und was für eine Zerstörung. Versuchte, ein paar Freunde zu erreichen; es hat lange gedauert, dann meldeten sie sich, alles okay. War tief erleichtert! Aber die Zahl der Toten wächst. Und was für eine Zerstörung! Lange in der Kapelle gesessen und gebetet.

Oben auf dem Dachboden des Haupthauses tobt seit Längerem der Marder.

SAMSTAG, 17. JULI

Den ganzen Tag weiter Rasen mähen, Brennnesseln zurückdrängen und Gelände aufräumen für das bevorstehende Klausenfest. Das Wetter ist leider ideal für *Urtica dioica,* die große Brennnessel.

Ein bisschen Unsicherheit ist noch wegen der Corona-Inzidenz und ob das Klausenfest wirklich stattfinden kann.

Zwischendurch gelernt für die Hundeführerscheintheorieprüfung, denn ich habe einen Hund gefunden im Tierschutz. Jippieh! Er wird voraussichtlich im September zu mir kommen. Bin sehr gespannt, aber auch aufgeregt.

Am Abend bin ich nach langer Zeit mal wieder zu einer hl. Messe im Dorf gegangen – mit Bauchgrummeln. Die hochbetagte Mutter einer Freundin wollte so gern hin, die Freundin konnte sie nicht fahren, also fuhr ich mit ihr. Trotz hoher Corona-Zahlen.

SONNTAG, 18. JULI

Stiller Sonntag, viel Ruhe, langer Gang mit den Banditen. Am Abend ein langes und ruhiges stilles Gebet ohne Worte. Nur das Herz stärken im Vertrauen auf Ihn in Gedanken an die Opfer der Flutkatastrophe.

DIENSTAG, 20. JULI

Fast den ganzen Tag am Schöpfungsbuch gearbeitet. Es ist wirklich eine Lust, über diese Themen zu schreiben. Manchmal fast wie ein Rausch, wenn die Worte fließen und ich nicht mehr suchen muss nach dem richtigen Ton, dem richtigen Ausdruck, einer intensivst wahrgenommenen Stimmung. Diese Präsenz, diese göttliche Gegenwart, diese ausstrahlende Lebenskraft in der Schöpfung, sie ist manchmal wie ein beständiger Strom, der oben, unten, rechts, links, um mich herum und tief in mir von Seiner Gegenwart mitteilt. Und ich hoffe immer, dass in alldem, was ich schreibe, etwas rüberfunkelt zum Leser, zur Leserin. Vielleicht der wichtigste Grund für mich, zu schreiben.

Zwischendurch kleine Pausen, in denen ich für den Hundeführerschein lerne. Scheint ein krasser Gegensatz zu sein, aber mit einem Hund zu leben, so, dass sich Mensch und Hund wohlfühlen, ist auch Teil der Schöpfung.

DONNERSTAG, 22. JULI

Betten vorbereiten und Ankunft zweier Gäste für das Klausenfest. Freude und viel, viel Sabbelei. Wir haben uns länger nicht gesehen und gesprochen.

FREITAG, 23. JULI

Jippieh! Hundeführerscheinprüfung. Theorie beim Tierarzt bestanden, uff.

SAMSTAG, 24. JULI

Ein kleines, aber schönes Klausenfest gefeiert. Gottesdienst, Musik hören, Grillen und Austausch. In anderen Jahren war es größer, lauter und lustiger. Corona hat auch hier heftig reduziert. Aber dieses Fest ist für mich und für die Mitglieder des Fördervereins, die kommen können, eine wichtige Gelegenheit, sich zu treffen, miteinander fröhlich zu sein und in Augenschein zu nehmen, wie es um die Klause bestellt ist.

SONNTAG, 25. JULI

Aufräumen, einmal ausschlafen, letzte Gäste betreuen.

MONTAG, 26. JULI

Heute meinen letzten Gast vom Klausenfest mit einem geliehenen Auto zum Bahnhof gebracht. Auf dem Rückweg beim Ziegentierarzt vorbei und den vermuteten Kupfermangel angesprochen. Pulver mitbekommen – hoffe, es hilft. Dann endlich wieder an den drei Manuskripten gearbeitet, die auf meinem Schreibtisch warten. Beim Schöpfungsbuch stecke ich heute etwas fest. Bin wohl einfach zu müde.

MITTWOCH, 28. JULI

Mit meinem Moppelkaterchen Max zur Tierärztin. Seine Augen tränen ständig und ich habe Sorge, dass er blind werden könnte. Es ist eine Lidrandentzündung. Habe eine Salbe für ihn bekommen, Max war ganz brav, nur die Salbe findet er doof. Zurzeit lese ich in meinen Büchern und im Internet über das Thema Wald und Bäume. Es hat eine ganz eigene Faszination für mich, denn die Klause ist ja umgeben von zum Teil sehr alten Bäumen, meist Eichen. Manchmal gehe ich raus, lege ein Ohr an die rissige Rinde und meine dann das Rauschen der Hektoliter Wasser zu hören, die in so einem mächtigen Baum aufsteigen.

SONNTAG, 1. AUGUST

Einmal mehr ein Hausarbeitssonntag. Fast drei Stunden gebügelt und etwas gespült. Draußen Kälte und nur Regen, Regen, Regen. Große Müdigkeit. Am frühen Abend dann habe ich eine ruhige wortreduzierte Meditation versucht. Aber ein Gebetsanliegen – die

Bitte kam heute per Telefon – geht mir nicht aus dem Kopf. Eine junge Frau liegt hier in der Nähe in der Klinik, voll mit Krebs. Sie kommt aus Algerien. Sie hat zwei Kinder zu Hause in Algerien, die sie nicht mehr sehen wird. Der Krebs wächst rasend schnell und sie wird hier sterben.

Ich habe mir als Hilfe und auch als Ablenkung mal wieder Octavio Paz aus dem Regal gekramt. Wenn er über die Transzendenz schreibt, die in der offenen Einsamkeit warte, dann trifft das wie mit einem Lichtblitz in das Zentrum dessen, was ich in den letzten 37 Jahren langsam und zunehmend intensiver, deutlicher und dichter geschenkt bekam. Offene Einsamkeit – eine Einsamkeit meiner Meinung nach, die sich nicht in Schmerz und Verletztheit verkriecht, sondern sich ungeschützt ausstreckt und öffnet, öffnen lässt. »Alle Menschen fühlen sich irgendwann einsam; alle Menschen sind irgendwann einsam. Leben heißt sich trennen von dem, was wir waren, um uns in das zu verwandeln, was wir in einer unbekannten Zukunft einmal sein werden, und die Einsamkeit ist der tiefste Grund der Conditio humana.«[22]

Ich glaube, das ist der wichtigste Grund, der noch unter meiner Christusliebe und Christussehnsucht liegt, warum ich Einsiedlerin geworden bin. Im Zulassen dieser ungeschützten Einsamkeit, dieser phasenweise extremen Kontaktreduzierung und der damit verbundenen, manchmal schmerzhaften Öffnung, ist ein Weg frei geworden, nicht nur mich selbst zu finden, sondern damit irgendwie zugleich und noch eine Spur tiefer Gott zu finden als Urgrund. Und darin, so paradox sich das auch anhört, darin die Menschen, darin alle anderen Menschen. So treffe ich dort in gewisser Weise auch die sterbende algerische Mutter. Im Gebet und im Glauben daran, dass auch sie in Gott ihr Ziel finden wird, ist unser Leben verbunden, weil wir Menschen sind, weil wir Geschaffene, Schöpfung sind. »Die Einsamkeit, die eigentliche Bedingung unseres Daseins, ist Reinigung und Prüfung, nach deren Bestehen Angst und Unbeständigkeit schwinden. Fülle, Vereinigung, Ruhe, Glück, Übereinstimmung mit der Welt erwarten uns am Ende des Labyrinths der Einsamkeit« (Octavio Paz).[23]

Wobei für mich immer klar war und ist: Diese Welt ist Seine Welt! Auch wenn wir sie verschmutzen und misshandeln, ihre Schönheit verdunkeln und alles nach unserer Geilheit missbrauchen. Vielleicht werden wir das erst nach dem Tod im Tiefsten begreifen.

DIENSTAG, 3. AUGUST
Zusammen mit zwei ganz lieben jungen Helfern, Lukas und Leonie, endlich den Stall ausgemistet, einen Riesenberg Mist rausgeschafft! Ich hatte in den extrem kalten Wintermonaten so viel Stroh reingepackt, das war jetzt Schwerarbeit. Anschließend haben wir frisch eingestreut und die Tiere reingelassen. Sie lagen sozusagen mit breitem Grinsen im frischen Stroh. Gott sei Dank!

MITTWOCH, 4. AUGUST
Versucht, meinem Lieblingsbruder Stephan zum Geburtstag zu gratulieren. Er war nicht da, habe ein Geburtstagslied auf die Mailbox

gesungen. Manche sind irritiert, wenn ich ihn meinen Lieblingsbruder nenne, hab ja nur den einen. Aber das ist in den letzten 10, 15 Jahren meine Bezeichnung, wenn man will, mein Kosename für ihn geworden.

Ich habe mir die Gedichte von Octavio Paz wieder rausgesucht. Mitten in seinem Gedicht *Nächtliches Wasser* beschreibt er mit wenigen Zeilen die Einsamkeit der Nacht.

Das Schweigen und die Einsamkeit,
wie zwei kleine Tiere, geleitet vom Mond,
trinken an diesen Augen …
Und wenn du sie schließt …
überflutet dich innen ein Fluss,
eine sanft verschwiegene Strömung dringt an
und macht dich dunkel:
die Nacht netzt Ufer in deiner Seele.[24]

Für mich ein starkes Bild für die Geheimnisse der Kontemplation in der Nacht.

DONNERSTAG, 5. AUGUST
Heute Morgen kaum aus dem Bett gekommen. Rücken! Alte Frauen sollten keinen Stall mehr ausmisten helfen. Erneuter Anruf von dem verzweifelten S. Seine Trauer um die verstorbene Mutter ist groß, der Hass der Geschwister auch. Er sagt: »Ich bin total allein und habe keine Hilfe.« Ich habe einfach lange, lange zugehört. Das gibt ihm etwas Entlastung.

SAMSTAG, 7. AUGUST
Fast den ganzen Tag am Manuskript gearbeitet. Bin abends müde, aber sehr zufrieden ins Bett gefallen. Die Arbeit macht immens viel Freude. Das Abendgebet aber musste leider verkürzt werden, ich war echt k. o.

SONNTAG, 8. AUGUST
Nach einem »netten« Internetgottesdienst lange meditiert in der Kapelle. Erste Lesung vom Sonntag: 1. Buch der Könige 19,4–8. Erst

konnte ich nicht viel anfangen mit dem biblischen Text. Dann machte es klick. Der Text erzählt von der Flucht des Propheten Elija vor Königin Isebel, die ihm Rache androht. Elija geht in die Wüste und bittet Gott, ihn sterben zu lassen. Gott aber stärkt ihn (schönes Bild vom Brot, das in glühender Asche gebacken wurde). Dann beginnt Elija eine lange Wanderung zum Berg Horeb. Horeb ist ein Synonym für den Sinai, den Ort der ersten Gotteserfahrung und des Bundes mit Israel. Dort wird Elija eine Gotteserfahrung geschenkt. Starke Geschichte und starke Erinnerung bei mir an meine erste Begegnung mit dem Gotteswort. Elijas Kraftquelle ist Gott. Und er war und ist auch meine Kraftquelle über all die Jahre seitdem geblieben. Habe noch lange still in der Kapelle gesessen und die Freude über meinen Weg nachklingen lassen.

MONTAG, 9. AUGUST

Arbeit am Manuskript. Abends zwei Anrufe von Menschen mit Angst. Gedenken an Edith Stein, die ich sehr verehre.

DIENSTAG, 10. AUGUST

Schreiben, schreiben, schreiben und restliche Reparaturarbeiten am Zaun der Nordweide, vor allem die letzten Isolatoren anbringen. Heute kam auch eine Mail an von einer Frau, die intensiv ihren Weg sucht. Sie hat tiefe Sehnsucht und zugleich Angst, zu vereinsamen, denn ihre Umgebung (Familie, Job etc.) hat kein Verständnis für ihre Sehnsucht. Wenn man den Menschen, jedem Menschen, doch seine je eigene Suche und Sehnsucht zugestehen würde! Dann wäre schon vielem Leid und Konfliktpotential die Basis entzogen.

MITTWOCH, 11. AUGUST

Heute ist das Fest der heiligen Klara von Assisi. Immer ein Tag mit liebevoller Erinnerung und Dankbarkeit an meine alte Äbtissin und meine Novizenmeisterin im Klarissenkloster. Wären beide nicht so offen und sensibel gewesen damals mit mir, mit dieser etwas seltsamen Postulantin, wäre vielleicht mein Weg gescheitert. Beiden habe ich sehr, sehr viel zu verdanken!

An diesem Tag lese ich immer in den Briefen, die Klara an Agnes von Prag geschrieben hat. Vor allem ein Satz hat mir auf meinem Weg oft den Mut gestärkt, nicht aufzuhören. Klara ermuntert Agnes, ihrer Berufung zu folgen, Ratschläge anzunehmen, aber auf die nicht zu hören, die sie davon abbringen wollen. »Was du hältst, das halte fest, was du tust, das tue fürder, lasse nicht ab, sondern eile in schnellem Lauf, mit leichtem Schritt … Wenn dir aber jemand etwas anderes sagt, etwas anderes einflüstert, was deine Vollkommenheit hindert, was der göttlichen Berufung entgegen scheint, so folge dennoch seinem Rat nicht, auch wenn er dir verehrungswürdig wäre, sondern umfange als arme Jungfrau den armen Christus.«[25]

DONNERSTAG, 12. AUGUST

Heute mit Fahrrad ins Dorf und Großeinkauf. Dann Rasen mähen, aufräumen, putzen. Am Wochenende kommt die Familie. Einige habe ich seit 20 Jahren nicht gesehen, manche Kinder (Großnichten und Großneffe) noch nie. Freue mich wie blöd auf die Bande!

FREITAG, 13. AUGUST

Letzte Ecken geputzt. Am frühen Nachmittag eine überraschende Mail von der Verwertungsgesellschaft Wort bekommen, bei der ich als Autorin gemeldet bin. Neustart Kultur schreibt ein Stipendium aus. Was für eine tolle Chance! Es wäre eine riesige Erleichterung nach den massiven Einkommensverlusten der Corona-Zeit. Habe mich beworben und drücke mir selbst im Gebet alle Daumen.

Später war ein Gespräch geplant mit einer Frau, die beginnt, als Eremitin zu leben. Anruf von ihr: Sie ist völlig k. o. von der Nachtschicht auf der onkologischen Palliativstation, Gespräch leider abgesagt. Schade!

SAMSTAG, 14. AUGUST

Unser großes Familientreffen startet. Nach und nach kommen sie den Weg zur Klause hoch. Einige der Lütten habe ich noch nie gesehen. Es ist ein bunter, lauter, anstrengender und wunderschöner Tag!! Meine kleine Großnichte Tilda, zwei Jahre alt, ist zum Verlieben! Spät abends kann ich mit tiefer Dankbarkeit für sie alle beten und freue mich, dass sie da waren.

In den Spätnachrichten, die ich mir wie so oft auf YouTube anschaue (Fernsehen geht nicht bei der schlappen Datenleistung), schlimme Meldungen aus Afghanistan. Da dauert der Krieg mit verschiedenen Phasen eigentlich schon seit 1978, wenn ich das bei Wikipedia richtig gelesen habe. Wie kann ein Volk das aushalten?

SONNTAG, 15. AUGUST

Freue mich immer mehr auf den Hund, den ich bei hundeherzen.com gefunden habe. Ein Mastín-Español-Mix, ein Herdenschutzhund. Eine kastrierte Hündin, also eine Hündin, der die Eierstöcke entfernt worden sind. Sie heißt Corazon, was Spanisch ist und Herz bedeutet. Sie wurde aus einer Tötungsstation gerettet, war danach zwei Jahre im spanischen Tierschutz. Habe Corazon vor ein paar Tagen konkret gekauft und bin sehr aufgeregt.

Nachmittags war Evelyn da, die erste Vorsitzende des Fördervereins der Klause, zusammen mit zwei ehemaligen Ordensschwestern. Langes Gespräch über die dringend notwendigen Veränderungen in unserer Kirche. Manches, was sie aus ihren Erfahrungen erzählten, machte regelrecht Herzschmerzen!

MONTAG, 16. AUGUST

Voller Arbeitstag, bin geschafft! Der algerischen Frau mit Krebs geht es sehr schlecht. Sie liegt auf der Palliativstation und sehnt sich verzweifelt nach ihren Kindern und ihrem Mann. Ich bete für sie und würde gern mehr tun. Aber ein Gespräch ist nicht möglich. Manche Grenzen sind einfach total schmerzhaft.

MITTWOCH, 18. AUGUST

Habe heute beim Hausarzt die zweite Impfung bekommen, bin nur noch am Schlafen.

SAMSTAG, 21. AUGUST

Die ganze Woche intensive Arbeit am Schreibtisch, das Manuskript des Schöpfungsbuches muss bis Oktober fertig werden. Und der Zaun an der Nordweide muss endgültig komplett fertig werden – auch für den Hund, der am 11. September kommen soll. Die meisten Isolatoren für die Stromlitze fehlen noch und das Gatter klemmt weiterhin. Ich freue mich total auf Corazon. Eine spitze Bemerkung einer Bekannten (keine Freundin) machte mich die Tage stutzig. Ich hätte diese Menagerie wohl, weil ich das Alleinsein nicht aushielte. Ein paar Tage habe ich darüber ernsthaft nachdenken müssen. Doch ich glaube, das ist eine Fehleinschätzung. Sicher, meine Viecher machen Freude – und leider auch oft viel Arbeit –, aber sie ersetzen nun wirklich keine menschliche Gesellschaft. Vielleicht ist es für manche Menschen ein Trost, wenn sie einen Hund oder eine Katze haben. Oder Ziegen, Hühner, Tauben oder was auch immer. Aber es sind Tiere, keine Menschen. Sie können vielleicht manche depressiven Phasen abmildern. Aufheben oder abblocken können sie diese meiner Meinung nach aber nicht.

SONNTAG, 22. AUGUST

Heute ein Gast in der Stille, mit dem ich Gespräche über die unterschiedlichen Formen des geistlichen Lebens in unserer Diözese habe. War eine Art Zustandsbericht. Nicht sehr aufmunternd, wie wir feststellten. Leider. Sehr oft herrscht eine Art Schubladenspiritualität!

Ich erzähle über meine Anfangszeit vor 37 Jahren und muss schmunzeln. Sie sagt zu den Erzählungen meiner ersten Jahre: »Das hätte ich nicht allein geschafft.« Na ja, ich bin eben ein Sturkopf. Was ich will und von dem ich zutiefst überzeugt bin, ziehe ich durch.

DIENSTAG, 24. AUGUST

Gutes Beispiel heute zum Thema Schubladenspiritualität. Am Nachmittag kommt eine Frauengruppe zum Gespräch, alle schon älter. Ihre Fragen und ihre Ansichten muten für mich an wie eingeschlafener, eng eingespurter Glaube ohne Weite, ohne Beweglichkeit. Großes Erstaunen über meine Ansichten.

Am späten Abend endlich mal wieder Nachrichten angeschaut. Am Flughafen von Kabul, Afghanistan, ein Anschlag. Viele Tote, viele Verletzte. Es scheint, dass der Abzug der NATO-Truppen alles wieder aufflammen lässt. Bin danach noch in die Kapelle und habe für die Verletzten und die Toten gebetet.

FREITAG, 27. AUGUST

Sitze ab 9.55 Uhr mit etwas Herzklopfen am PC und starte den Versuch eines der Stipendien der VG Wort zu ergattern. Mein altes Computerschätzchen macht tatsächlich brav mit. Daumen drücken! Hinterher in Ruhe und Stille draußen einiges aufgeräumt. Ich glaube, die meisten Menschen können sich nicht vorstellen, wie tief wohltuend, alle Kräfte, Gedanken und Lebensvollzüge sammelnd und vertiefend die Stille in der und um die Klause ist.

SONNTAG, 29. AUGUST

Nach ruhiger Morgenmeditation und einer Stunde Spülen langer Spaziergang. Das hat gutgetan!

MONTAG, 30. AUGUST

Irmgard zum Doc gefahren und wieder nach Hause gebracht. Am Nachmittag lesen, schreiben, nachlesen und mich freuen über das Wunderwerk Baum. Kleine Meditation über ein Buchenblatt, ebenfalls ein Wunderwerk. Habe in meinen Aufzeichnungen nachgeblättert, wie viele Gedichte ich schon zu Wald und Baum verfasst habe. Schade, dass der Verlag in Würzburg für 2022 schon das Lyrikportfolio voll hat. Die fanden meine Sammlung wohl nicht schlecht, können aber nur begrenzt Lyrik verlegen. Schade, schade. Muss mal suchen, wo es vielleicht gehen könnte. Selfpublishing?

DIENSTAG, 31. AUGUST

Klauenschneiden mit Irmgard. Ohne sie geht es nicht, denn die Banditen halten natürlich nicht still. Sehe anschließend mal wieder aus wie ein Dalmatiner, so viele blaue Flecken vor allem an den Beinen. Die Arbeit am Schöpfungsbuch macht Druck. Muss mich ranhalten! Abendgebet fällt dementsprechend kurz aus. Aber die stille Arbeit am Schreibtisch in der Nacht hat immer einen eigenen und großen Reiz.

DONNERSTAG, 2. SEPTEMBER

Noch zehn Tage und der Hund kommt. Freue mich sehr auf Cora (Abkürzung des Hundevermittlungsvereins für Corazon) und ich bin sehr, sehr gespannt.

Am Nachmittag Arbeit am Manuskript des Schöpfungsbuches. Ruhiges Abendgebet, aber mit Spannung und freudiger Erwartung auf den Hund.

FREITAG, 3. SEPTEMBER

Sehr ruhiger Morgen mit Freude an Psalm 8, den ich sehr liebe. Am Vormittag telefonisches Vorgespräch für einen Podcast zum Thema Glück. Die Audio-Journalistin fragt vieles ab, zum Schluss: »Was dürfen wir nicht fragen?« Das hat noch keiner gefragt. Ich hoffe, ich komme nicht so fromm rüber und die Zuhörerinnen und Zuhörer können es annehmen. Denn sogar bis zu mir kommen Nachrichten, was für Ressentiments Menschen inzwischen gegen die katholische Kirche haben. Manchmal wohl zu Recht, muss ich leider sagen.

Im Direktorium, dem liturgischen Kalender für das Bistum Osnabrück, heute gelesen: »Nach einem Beschluss der Arbeitsgemeinschaft Christlicher Kirchen (ACK) Deutschland wird heute – oder nach örtlicher Gewohnheit – der *Ökumenische Tag der Schöpfung* begangen.« Fein! Noch ein Gedenktag, der mit Vorträgen und vielen Worten begangen werden und am nächsten Tag ohne Wirkung verpufft sein wird.

MONTAG, 6. SEPTEMBER

Gästehütte vorbereitet für eine »Gästin«, die morgen für ein paar Tage in die Stille kommt.

MITTWOCH, 8. SEPTEMBER

Habe heute eine Mail von einer Frau aus dem Allgäu bekommen, die mich fragt, wie man Gott hören kann. Gute Frage. Ihr Problem sind die eigenen Gedanken, von denen sie meint, dass sie es verhindern, Gott und seinen Willen wahrnehmen zu können. Sie schreibt: »Ich kann Gott nicht hören, da sich meine eigenen Gedanken sozusagen nicht abschalten lassen und auch in Gebetszeiten weiter kreisen.« Ein altes, ein bekanntes Problem. In einem Telefongespräch versuchen wir, Wege zu überlegen. Ich versuche, ihr das schlechte Gewissen zu nehmen, was oft entsteht bei Menschen, die aus dem Glauben leben wollen und beim Beten und Meditieren ständig durch die eigenen Gedanken sozusagen gestört werden. Wichtigster Tipp: Schreiben Sie diese störenden Gedanken doch mal auf und schauen Sie sie an. Worum geht es bei diesen Gedanken? Manchmal zeigen sie etwas, weisen sie hin auf eine wichtige innere Frage oder auch auf ein Problem, das nicht zugelassen werden kann. Klärt man das, verschwinden in der Regel auch die Gedanken.

FREITAG, 10. SEPTEMBER

Rückmeldung der Frau aus dem Allgäu mit Dank. Schreibe ihr als Antwort noch einen Satz, der etwas umständlich ist, meines Erachtens die Problematik aber gut aufgreift: Im Öffnen, im Reflektieren dieser Gedanken und in einem Handeln, das sich bemüht, am Evangelium orientiert zu sein, wächst nach und nach ein gläubiges Wissen, das sich in der Folge an inneren und äußeren Gegebenheiten bewahrheitet. Das kann man durchaus als »Gott hören« bezeichnen.

SAMSTAG, 11. SEPTEMBER

Mit Irmgard Cora abgeholt. Das Riesenmädchen ist ziemlich »durch« nach dem langen Transport von Spanien hierher. Sie wirkt, als hätte sie einiges an Beruhigungsmitteln drin. Die ganze Fahrt zurück ist sie noch etwas beduselt. Bei der Ankunft in der Klause: Max komplett geschockt, alle Ziegen konsterniert. Na, das wird noch lustig! In der Nacht krabbelt Max in mein Bett. Er hat sich leise, leise an der unglaublich schnarchenden Cora vorbeigeschlichen. Ich bin froh und danke kurz vor dem Einschlafen noch einmal von Herzen, dass die Süße jetzt da ist. Alles wird sich schon regeln.

In den Nachrichten überall Berichte von 9/11, Erinnerungen an den Anschlag auf das World Trade Center 2001.

SONNTAG, 12. SEPTEMBER

Gute Morgenmeditation und nach einem fetten Milchkaffee langer Spaziergang mit Cora. Sie scheint gut geschlafen zu haben, ist aber noch müde. Kein Wunder nach dem langen Transport.

MONTAG, 13. SEPTEMBER

Heute Mittag mit den Ziegen und Cora wieder einmal einen Gang über mein Gelände gemacht. Alice, eine meiner Ziegenomas, hat Cora geboxt, und sie hat völlig verschreckt reagiert. Eine Stunde später, die Ziegen waren wieder im Gehege, habe ich angefangen, Holz zu hacken. Cora war meterweit entfernt mit Schleppleine angebunden. Beim ersten Schlag ist sie heftig zusammengezuckt, hat sich total ängstlich hingelegt und wollte nicht mehr aufstehen. Sie machte auf mich einen depressiven Eindruck, lag anschließend vor dem Haus und wollte nicht mal Leckerlis annehmen. Was hat sie alles erlebt? Vermisst sie vielleicht Freunde oder Hundekumpels, die sie im Tierheim hatte? Sie war zwei Jahre im

Heim, was wahrscheinlich ihre Rettung vor der Tötungsstation war. Wir brauchen beide noch viel Geduld!

Am Abend die Nachricht, dass mein geistlicher Begleiter, ein sehr ruhiger und erfahrener Ordenspriester, plötzlich verstorben ist. Ein echter Schock und eine große Trauer in mir! Er war immer eine gute Hilfe und ein notwendiges Korrektiv.

DIENSTAG, 14. SEPTEMBER

Cora scheint gut geschlafen zu haben, ich nur halbwegs gut. Bin etwas unruhig und die Arbeit am Schöpfungsbuch drängt immer mehr. Aber es macht auch Riesenfreude. Konnte fast den ganzen Tag daran arbeiten. Am Abend lag Cora recht entspannt vor dem Ofen und pennte schnarchend.

MITTWOCH, 15. SEPTEMBER

Merke beim Morgengebet der Laudes: Habe gestern im Stundenbuch den völlig falschen Tag gebetet. Und das Fest Kreuzerhöhung komplett vergessen. Passiert mir wirklich selten! Am Nachmittag zwei Vorstandsdamen der Katholischen Frauengemeinschaft Deutschlands (kfd) in der Klause für eine Absprache bzgl. Vortrag mit Diskussion. Beide fanden meine Aussage zur Klause als Widerstandsnest witzig und passend, und sie waren sehr angetan davon, dass Gruppen kommen dürfen.

Die Spaziergänge mit Cora werden immer länger. Ich entdecke Ecken, die ich nach den 18 Jahren, die ich hier schon lebe, immer noch nicht kannte. Wunderschöne Ecken!

SAMSTAG, 18. SEPTEMBER

Die erste Vorsitzende des Fördervereins, Evelyn, feiert ihren 70. Geburtstag. Irmgard, Cora und ich fahren hin. Was für ein Trubel! Aber auch ein schönes Fest für den Temperamentsbolzen Evelyn. Ich bin ihr sehr dankbar für den Einsatz im Förderverein, genauso wie für Irmgard, die Finanzministerin. Ohne die beiden würde alles viel, viel langsamer gehen oder überhaupt nicht klappen.

DIENSTAG, 21. SEPTEMBER

Langes Interview für die Apotheken-Rundschau zum Thema Glück. Hat gut geklappt und habe ein gutes Gefühl dabei. Und Spaß hat's auch gemacht.

MITTWOCH, 22. SEPTEMBER

Fast den ganzen Tag intensive Arbeit am Schöpfungsbuch. Und zwei Haiku (Gedichte in einer japanischen Kurzform) formuliert in einer ruhigen Pause draußen bei den Ziegen und Cora. Am Abend mehrere Anrufe von Menschen mit Problemen, mit Angst oder auch mit Schwierigkeiten bei Kirchens. Spät ziemlich k. o. ins Bett gefallen.

SONNTAG, 26. SEPTEMBER
Bundestagswahl!

Ruhige, innige Morgenmeditation. Habe beim zweiten Milchkaffee nochmal meine Entscheidung für den heutigen Wahlgang überdacht. Spannende Zeiten! Bin mit Cora zum Wahllokal gewandert, sie hat draußen angebunden brav gewartet und dann sind wir gemütlich zurück. Am Abend ein langes Telefonat mit einem Menschen, der an einer Angststörung leidet. Manchmal bleibt mir einfach nur Zuhören als Hilfe.

MONTAG, 27. SEPTEMBER
Irgendwie werde ich immer müder. Es ist viel zu viel Arbeit gewesen die letzten Monate, wobei der Haushalt sowieso meist hinten runterfällt. Und der Garten sieht gruselig aus!

MONTAG, 4. OKTOBER (BIS 9. OKTOBER)
Eine Woche lang jeden Morgen sehr früh im Domradio das Gespräch zum Tagesevange-

lium. Für mich Morgenmuffel eine echte Herausforderung! Das geht nur mit der doppelten Drogendosis – Kaffee. Und Zoom klappt tatsächlich. Wow – unglaublich bei meiner schlappen Internetverbindung.

SAMSTAG, 9. OKTOBER

Seit langem wieder ein Vortrag bei einer kfd-Gruppe. Es war richtig gut, und ich habe wunderbar meine Bücher verkaufen können. Witzigerweise waren ein paar alte Schulfreundinnen und Nachbarinnen dabei. Ich dachte kurz: Junge, die sind aber alle alt geworden. Dann fiel mir ein: Huch, ich ja auch.

DIENSTAG, 12. OKTOBER

Ein ruhiger, froher Tag mit Extrameditation und einer schönen, innigen hl. Messe in der Klausenkapelle. Am späten Nachmittag langer Gang mit Cora bei einem Spätsommerwetter, wie man es sich nicht besser wünschen kann. Erst am späten Abend zogen

Wolken auf, flammend rot angeleuchtet von der untergehenden Sonne. Phantastisch!

DONNERSTAG, 14. OKTOBER
Mitten in der Nacht aufgewacht. Stürmisches Wetter, aber ohne Regen. Ich habe mich an das Kapellenfenster gestellt und einfach nur zugeschaut. Ich liebe die Nacht sehr. Diese totale Stille, die manchmal noch vertieft wird durch das Geräusch des Windes und das damit verbundene Lautwerden innerster Gedanken. Manchmal ist Schlaf fast eine Verschwendung. Habe dann ein neues Haiku geschrieben.

Nachts
nachts – dunkel – Stille
und ich bin in mir zu Haus
in deinem Herzen[26]

SONNTAG, 17. OKTOBER

Beim Morgenspaziergang mit Cora zwei junge Damhirsche gesehen. Sie standen im Gegenlicht und ästen und haben uns nicht sofort bemerkt. Wir beide haben still und verzaubert gestanden ein paar Minuten lang. Cora tatsächlich auch. Am Nachmittag angefangen, Krokusse und Schneeglöckchenknollen zu setzen. Abends schreiben, schreiben, schreiben und letzte Korrekturen, während Cora schnarchend vor dem Ofen liegt.

MONTAG, 18. OKTOBER

Heute war Deadline beim Verlag, Manuskript des Schöpfungsbuchs rechtzeitig weg. Halleluja!! Lektorin bei meinem Paderborner Verlag ist selig, ich auch.[27]

DIENSTAG, 19. OKTOBER

Der Vorstand des Fördervereins, meine Wenigkeit und ein Baufachmann vom Bistum, wir haben uns heute in der Klause und bei der Uraltscheune auf dem Gelände getroffen. Der Vorstand des Fördervereins und ich überlegen schon eine Weile, ob wir in der Scheune eine Möglichkeit einrichten könnten für suchende Menschen, die eine Zeit mitleben möchten. Und wir wollen die Diele, den alten Kuhstall, der in das Häuschen integriert ist, zu einem Gruppenraum umbauen. Anfragen von Gruppen kamen vor der Corona-Zeit häufig. Aber wegen Platzmangel ging es nur im Sommer und draußen. Nach eingehender Begutachtung beider Lokalitäten kam die klare Ansage des Baufachmanns: Scheune geht auf keinen Fall! Schade! Diele kein Problem.

Eigentlich waren ein paar Tage Ruhe angesagt nach der intensiven Arbeit am Schöpfungsbuch. Aber eine alte und sehr liebe Ordensfrau hat mich gebeten, ihre Lebensgeschichte zu redigieren und zu lektorieren für einen Selfpublishing-Verlag. Also weiterhin Schreibtisch.

SONNTAG, 31. OKTOBER

Hoffentlich zum letzten Mal Zeitumstellung! Sie bringt mein Zeitgefühl und das der Tiere (vor allem der Ziegen) völlig durcheinander. Nach Meditation und Internetgottesdienst sitze ich am Text der Ordensfrau. Er macht mehr Arbeit als gedacht, aber ich finde ihn gut und vor allem wichtig. Sie schreibt über eine Krankheit, die sie seit Jugendjahren belastet, und wie sie gelernt hat, damit zu leben.[28] Am Abend leises Nieselwetter, was ich immer irgendwie meditativ finde und was die Stille in der dunklen Kapelle noch vertieft.

MONTAG, 1. NOVEMBER

Allerheiligen – ein urchristliches Fest, was ja eigentlich aus einer Art Platzmangel entstanden ist. In den ersten Jahrhunderten wurden so viele Gläubige heiliggesprochen, dass der Versuch, einem (oder einer) jeden einen eigenen Festtag zuzuschreiben, an der begrenzten Zahl der Tage im Jahr scheiterte. Also dann wenigstens einen Tag für alle!

Mit dem Heiligsein habe ich durchaus Schwierigkeiten. Was heißt das überhaupt? Perfekt sein, fehlerlos, ohne Schwächen, Makel, Ängste? Sicher nicht! Im Laufe der vergangenen 37 Jahre, die spirituell gesehen kräftig turbulent waren, hat sich für mich diese Frage wieder und wieder gestellt. Heute denke und glaube ich, dass es in dieser Frage (und auch in anderen) immer auf eine Grundsatzentscheidung hinausläuft. Irgendwo hat Viktor Frankl, der österreichische Neurologe und Psychiater, einmal geschrieben, dass es zwischen dem, was auf uns zukommt (dem Impuls, dem Reiz, einer Herausforderung und Ähnlichem), und unserer Antwort darauf, unserer Reaktion, einen Raum gebe. Einen wichtigen, einen wesentlichen Raum: den Raum der Entscheidung. Heilig sein würde demgemäß dann bedeuten, sich grundsätzlich immer für die Aussagen des Glaubens und damit für Gott zu entscheiden. Klingt erst mal logisch und einfach. Denke ich an die Missbrauchsfälle in meiner Kirche, komme ich mit dieser These aber echt ins Schwimmen.

DIENSTAG, 2. NOVEMBER

Allerseelen – da passt das zu Allerheiligen Gesagte ebenfalls. Zumindest was meine Hoffnung angeht, dass jeder Mensch, egal ob er Christ war oder nicht, sein Ziel in Gott erreicht.

DONNERSTAG, 4. NOVEMBER

Beim frühen Morgengang mit Cora einen der Silberreiher wiedergesehen, die sich hier seit ein paar Jahren immer öfter einfinden. Was für wunderschöne, elegante Tiere. Es scheint auch eine Folge des Klimawandels zu sein, dass sie hier auftauchen. Später am Vormittag turnt eines der Eichhörnchen am Meisenknödelbehälter. Klemmt sich oben am Ast mit dem Schwanz fest, hängt kopfüber herunter und knabbert fröhlich vor sich hin – unter lautem Protest der Kohlmeisen und Blaumeisen.

FREITAG, 5. NOVEMBER

Sitze jetzt schon (6.00 Uhr!) am Schreibtisch nach einem starken Riesenmilchkaffee. Fast die ganze Nacht kein Auge zugemacht, weil der verflixte Marder gestern Abend und die Nacht auf dem Dachboden getobt hat direkt über der Schlafkammerdecke. Moppelkaterchen Max hatte sich in mein Bett geschlichen, das erste Mal in diesem Herbst, und ist in Panik geflüchtet, als ich wütend von unten an die Decke getrommelt habe. Cora hat trotz allem tief und laut schnarchend gepennt und nichts mitbekommen. Ich heute elend müde und gereizt. Und es nieselt draußen erneut. Alles wird allmählich wieder Schlamm und Matsch.

SAMSTAG, 6. NOVEMBER

Die Inzidenz steigt und steigt. Ich versuche das Einkaufen so zu legen, dass ich möglichst wenige Menschen treffe.

Auf dem Nachmittagsspaziergang mit Cora wieder zwei Silberreiher gesehen. Hoffentlich ein Pärchen mit Bruterfolg im nächsten Frühling! Ich mache bei diesen Gängen immer wieder Halt und schaue über die Landschaft. Auch wenn nichts blüht und der Winter nicht mehr weit ist, genieße ich die Stille und die Weite zutiefst.

MONTAG, 8. NOVEMBER

Erstaunlich schönes Wetter am Morgen und Vormittag, Ich aber bin irgendwie nur noch müde, müde, müde. Werde wohl dauermüde.

MITTWOCH, 10. NOVEMBER

Gedenktag der Lübecker Märtyrer. Sie waren und sind für mich ein großes Vorbild! Ihre Grundsatzentscheidung brachte ihnen den Tod durch das Nazi-Regime. Ich bewundere sie sehr für ihren Mut zum Widerstand. Bei den Spaziergängen jetzt Schwärme von Wildgänsen, die laut rufend über die Klause ziehen, herrlich! Am Abend eine intensive Diskussion zwischen zwei Waldkäuzen direkt vor dem Fenster meines Arbeitszimmers. Leider ist nichts zu hören von der Schleiereule.

FREITAG, 12. NOVEMBER

Heute Vormittag Telefoninterview mit Radio Horeb, gut gelaufen. Ich bin zufrieden und die Moderatorin auch. Anschließend eine Weile draußen an der großen Insektennistwand gearbeitet, während Cora ein Riesenloch gebuddelt hat. Am Abend noch einen kurzen Extragang mit ihr. Ein Wahnsinnsabendhimmel! Breite, leuchtende, flammendrote Streifen über dem ganzen Westhimmel! Phantastisch! Ich muss gestehen, dass ich bei solchen wunderschönen Naturerlebnissen immer froh bin, dass niemand da ist, der sie kommentiert oder in laute Begeisterungsstürme ausbricht. Die Stille vertieft diese kostbaren Momente sehr.

SONNTAG, 14. NOVEMBER / VOLKSTRAUERTAG

Gestern Abend einen Abend der Entspannung gestartet und heute länger geschlafen, bis voll 8.00 Uhr, herrlich! Nach dem Morgenspaziergang mit Cora eine gute Meditation zu Markus 13,24f. Bei vielen Menschen lösen diese

Worte veritable Ängste aus oder sie sind wütend über diese häufig wiederholten Drohworte: Ende der Zeit, Jüngstes Gericht, Buße, Sündenstrafen etc. Für mich sind solche Schriftworte immer ein Anlass, über die Zeit nachzudenken. Was ist denn Zeit? Zumindest ist es etwas, das sich verändert, das vor allem mich verändert. Ich merke das ja besonders körperlich. 100 Meter Sprint schaffe ich nicht mehr in 13 oder 14 Sekunden wie z. B. mit 16, 17, 18 Jahren. Meine Haare sind nicht mehr lang, dicht und braun, sondern weiß und dünn. Ich brauche eine Brille und so weiter. Das kann man und sollte man einfach akzeptieren.

Aber Zeit ist auch etwas, das mich herausfordert, darüber nachzudenken, was nach der Zeit kommt. Nach dem Tod existiert für mich weder Zeit noch Raum. Wie wird dann Unendlichkeit, wie wird dann Ewigkeit sein? Ich finde das eine spannende Frage. Und es gibt Tage, an denen mich diese Fragen kaum loslassen. Ich halte deshalb die Zeit für eine Aufgabe für uns Menschen. Man könnte auch sagen: eine Art Experiment, in dem uns mehrere Alternativen angeboten werden, wie wir und was wir in dieser Zeit leben. Der Knackpunkt ist wie in allem: Wir müssen auswählen, wir müssen uns entscheiden. Also auch hier und vor allem hier: eine Grundsatzentscheidung treffen.

Der Bücherstress der letzten Monate beginnt endlich ein wenig abzuflauen. Ich werde also doch nicht dauermüde. Obwohl das nebelnieselnasse Wetter draußen dazu verführen könnte, sich in einen vorgezogenen Winterschlaf zu begeben.

MONTAG, 15. NOVEMBER

Ein ruhiger Tag mit guter Meditation. Geburtstag unserer Mutter – und mir fällt seit einigen Jahren an diesem Tag immer ein, dass ich länger lebe als sie. In diesem Jahr habe ich sie schon um drei Jahre überholt. Sie starb mit zweiundsechzig an Lungenkrebs.

MITTWOCH, 17. NOVEMBER
Habe heute draußen bei herrlichstem Wetter aufgeräumt, ein bisschen Holz gehackt und das Wetter genossen. Ist das ein Rest Spätsommer oder nur ein ungewöhnlich schöner Frühherbsttag? Der Klimawandel lässt wohl grüßen! Auch die Banditen liegen genüsslich in der Sonne, ebenso wie Cora und die Katzen.

DONNERSTAG, 18. NOVEMBER
Heute Vormittag den Podcast der Apotheken-Rundschau auf YouTube angehört. Klang gut. Dann mit Cora zu einem langen Spaziergang aufgebrochen.

– – –

MONTAG, 22. NOVEMBER
heute aus krankenhaus zurück kann nur mit links schreiben und tippen

DIENSTAG, 23. NOVEMBER

kann nur stichpunkte mit links notieren

letzten donnerstag gang mit cora durch wald, sie tobt los, ich versuche leine zu halten, fliege ein paar meter durch die luft, dabei schulter ausgekugelt, dann brettharte landung, dabei oberarm gebrochen, handy nicht dabei, langer weg zur straße, viele autos fahren vorbei, keiner hält an, endlich einer, dann rettungswagen, irgendeiner bringt cora zum nachbarn, ich bewusstlos, wache im krankenhaus auf, in der klause inzwischen alarm, freundin irmgard telefoniert, mein bruder stephan kommt per sturm, freitag op, viel metall im arm, mail von peter an die klinik für mich mit guten infos, alles wird versorgt, große erleichterung, bruderherz holt mich gestern mit irmgard aus dem krankenhaus ab, macht home office von meinem küchentisch aus

MITTWOCH, 24. NOVEMBER

peter gestern abend spät noch gekommen, ich endlich halbwegs gut geschlafen mit voller dröhnung schmerzmittel, peter eher nicht, konnte endlich selber wieder kaffee kochen, gespräch mit peter beim frühstück über dialogfähigkeit der kirche, schwierigkeit ist das verengte verständnis einiger positionen, peter: nur besoffene halten sich an der laterne fest, alle anderen lassen sich vom licht den weg zeigen, am abend lange mit peter über seine arbeit an den textkritischen anmerkungen der evangelien gesprochen, eine minimalistische arbeit an seinem winzigen pc!! faszinierend! später saublöde schmerzen der rippen, schulter geht so la la

DONNERSTAG, 25. NOVEMBER

kein guter tag, viele schmerzen, sauwetter, schlechte laune, cora ungeduldig, peter hält uns beide aus, lese die reste der zeit, die mein lieblingsbruder hiergelassen hat, langes interview mit adele, sehr gut, interessant ihre ehrlichen aussagen zu sich selbst, »als ich dreißig war, hatte ich keine ahnung, wer ich war«, weiß ich das? inzwischen ja! und ich lebe so, wie ich das will und für gut halte, ich glaube auch, dass sich in meinem leben gottes vorstellung von mir und meine wachsende selbsterkenntnis treffen

SAMSTAG, 27. NOVEMBER

leckere suppe von rita aus dem förderverein, peter kann nicht schlafen, cora sehr unruhig, bin heute morgen um 5uhr30 mit ihr spazieren gegangen, corona-zahlen schnellen hoch, neue variante scheint schlimm zu sein

1. ADVENTSSONNTAG, 28. NOVEMBER

viel ruhe, gutes gemeinsames gebet

habe endlich einiges erledigt, was liegengeblieben war, corona-zahlen steigen, neue variante omikron breitet sich aus, heute kam christoph zur krankensalbung, sehr liebe worte, sakrament tat gut, ich hab echt weinen müssen, christoph ist einer der schlichten priester, die durch ihre demut und ihr reines herz einem einfach menschlich gut tun, ich bin immer froh, wenn er zeit hat für einen gottesdienst in der klause, ich mache mir viele gedanken wie es weitergehen kann, bin sehr dankbar, dass alles relativ glimpflich abgelaufen ist, hätte mir auch das genick brechen können

mit peter am nachmittag über seine arbeit gesprochen, er ist für mich ein über alle maßen beeindruckender mann, seine liebe und begeisterung für die bibel, seine wunderbare arbeit mit und für obdachlose menschen, seine sprachkenntnisse in griechisch und latein, ich habe ihn von ganzem herzen gern, heute hat er einen großteil der verspannungen wegmassiert, die durch die schonhaltung entstehen, war ein anstrengender tag, bin echt fertig abends, cora merkt das wohl, bellt häufig und ist irgendwie nervös

DIENSTAG, 30. NOVEMBER

halbwegs gut geschlafen, endlich wieder im eigenen bett statt auf dem boden der kapelle, ging so weit ganz gut, darf mich bloß nicht drehen, cora heute ruhiger, habe mich aber gestern noch bei dogs osnabrück angemeldet, ich glaube, nicht nur ich habe eine art trauma vom unfall, sie vielleicht auch, bin ja ein fan von martin rütter

MITTWOCH, 1. DEZEMBER

gut geschlafen, aber dunkle stimmung, kriege hier anscheinend keinen termin für die physio, okay, reanimiere meine eingerosteten kenntnisse der krankengymnastik von vor 44 jahren, mache ich das eben selber, ich werde mir mit peter die röntgenaufnahmen anschauen, habe gott sei dank die cd mitgenommen, peter wird morgen die fäden entfernen, habe aus der alten kerzenwerkstatt sicher noch skalpelle

DONNERSTAG, 2. DEZEMBER

mieser tag, miese stimmung, miese schmerzen, draußen sturm, regen, schneegraupel, am besten wäre es, an solchen tagen einfach im bett liegen zu bleiben, peter meint, die fäden sollte ich erst morgen entfernen lassen, am abend mit peter den großen zapfenstreich für angela merkel im netz angeschaut, wir finden, sie hat einen guten job gemacht

FREITAG, 3. DEZEMBER

heute ist der erste tag, an dem ich denke, ja, ich kriege alles wieder gebacken, am abend mit freude eine neue cd angehört, girolamo abos, a maltese christmas, zusammen mit der kölner akademie unter der leitung von michael alexander willens, wunderschön, eine freude ist es auch, mit peter in großer ruhe und innigkeit das tägliche stundengebet zu beten, es tut sehr gut, fäden wurden jetzt entfernt, gingen ganz gut raus

SAMSTAG, 4. DEZEMBER

peter hat arm kontrolliert, wunde sieht gut aus, arm ist noch taub an manchen stellen, wird aber weniger, auch die blaue verfärbung geht zurück, sah am anfang aus wie schlecht verrührter griesbrei mit traubensaftgelee, mache immer wieder schreibübungen, schreibschrift mit rechts geht gar nicht, tippen beidhändig geht ganz, ganz langsam wieder, denke oft an die aussage von adele, wie sicher kann man sich selber sein?

2. ADVENTSSONNTAG, 5. DEZEMBER

ruhiger tag, meditation versucht, schwierig, denn die armhaltung rechts behindert meine entspannte konzentration total, habe aber trotzdem ein wenig meine sorge und angst zulassen können, ob arm und hand wieder funktionsfähig werden und die gedanken, wie es weitergeht, welche auswirkungen wird der unfall letztendlich haben und so weiter, bin oft einfach eine stille zeit in der kapelle und versuche alles in mir zuzulassen

MONTAG, 6. DEZEMBER / NIKOLAUS

Tippe langsam, aber wieder alles mit beiden Händen. Habe heute einen sehr lieben, süßen Nikolausgruß von der Gärtnerin bekommen, bei der ich für Freunde einen Weihnachtsstrauß bestellt hatte. Mittags herrlicher Spaziergang mit Cora bei strahlendem Sonnenschein, der meine Freude auf das kleine Fest am Mittwoch, meinen Festtag der Silberprofess, noch steigert. 25 Jahre Versprechen als Diözesaneremitin. Wird klein und unter Corona-Bedingungen gefeiert werden, aber trotzdem ein Fest sein.

Am Abend ein Anruf. Evelyn, die erste Vorsitzende des Fördervereins, hat einen heftigen Magen-Darm-Infekt. Und da sie einen alten Priesterfreund mitbringen wollte für die Feier, sind jetzt meine Gäste auf fast Null geschrumpft. Denn auch die erkrankte Mutter einer anderen lieben Freundin kann wegen Krankheit nicht kommen. Alles abgesagt. Bin ein bisschen traurig. Also wird es nur einen kurzen Moment am Morgen nach den Laudes, dem Morgengebet, geben. Aber vielleicht sollte ich die sozusagen frei gewordene Zeit nutzen, um zu resümieren, nachzudenken über diese 25 Jahre eines Lebens, das Herausforderung und Chance war, geprägt und bestimmt durch Rückzug, durch das Alleinsein.

MITTWOCH, 8. DEZEMBER

Habe heute Morgen bei den Laudes meine Versprechensformel laut wiederholt. Dabei eine große Freude im Herzen gehabt. Den ganzen Tag immer wieder an die vergangenen 25 Jahre gedacht. Es war eine lange Wegstrecke, immer allein. Vor allem die ersten Jahre waren extrem reduziert, was die Kontakte angeht, und voller Fragen. Beständig war nur der totale Gotteshunger. Er ist bis heute nicht gestillt. Er lockt mich immer tiefer auf diesen Weg und zugleich, es mehr und mehr in Worte zu fassen. Vor allem Gedichte sind seit den ersten Jahren eine bevorzugte Möglichkeit für mich. Bis heute. Ein neues entstand in den letzten Wochen, ein Haiku:

Gotteshunger
der Gotteshunger
drängender Trieb nach Leben
Leben in Fülle[29]

DONNERSTAG, 9. DEZEMBER

Peter ist heute wieder nach Hause gefahren und ich konnte ihm nicht genug danken für seine großzügige Hilfe. Am Abend habe ich lange still in der Kapelle gesessen. Gotteshunger, er war und ist der stärkste Antrieb zu diesem Leben allein. Ich bin froh, dass mir das Alleinsein in all den Jahren nie schwerfiel.

Gehört es zu mir? Zu meiner Identität? Ja, ich glaube: ja, und trotzdem kann ich auch Menschen verstehen, die unter dem Alleinsein oder der Einsamkeit leiden. Nach dem Unfall noch ein Stück weit mehr. Der lange Weg zur Straße an dem Abend damals mit diesen heftigen Schmerzen, die nur kleine Trippelschrittchen zuließen. Was habe ich nach Hilfe gebrüllt die ganze Zeit und keiner hat's gehört, weil niemand da war.

FREITAG, 10. DEZEMBER

Langes Gespräch mit einem Mitglied der AG Geistliche Begleitung im Bistum. Sie gehört zum Leitungsteam und wir konnten ehrlich und intensiv sprechen über die verschiedenen Formen gelebter Spiritualität, besonders über meine Form. Für mich ist das eremitische Leben eine Art Archetyp des christlichen Lebens, ein Urbild. Denn jeder Christ, eigentlich jeder Mensch, sollte suchen nach Gott, nach dem Ursprung, nach dem, von dem alles kam und kommt. Zeiten des Alleinseins, Zeiten der ausdrücklichen Stille und Zurückgezogenheit sind dafür enorm wichtig, auch wenn natürlich nicht jeder Mensch Eremit sein kann und soll. Alleinsein ist für alle genauso wie für mich eine Herausforderung. Aber darin liegt doch auch eine Riesenchance. Die Herausforderung ist zunächst das Aushalten von sich selbst, die wachsende Erkenntnis der eigenen Schwächen und Ängste, der Defizite. Die Riesenchance, dann mit sich selbst versöhnt zu werden und mehr und mehr zu einer inneren Einheit zu kommen.

SAMSTAG, 11. DEZEMBER

Wetterumschwung – über Nacht ist es klirrend kalt geworden. Habe beim Füttern der

Zwerge die Portion erhöht und kräftig Stroh nachgelegt, damit die Banditen warm liegen.

SONNTAG GAUDETE, 12. DEZEMBER
Vormittags Internetgottesdienst. Was für eine lahme Predigt! Im Evangelium sagt Johannes: »Er aber, Christus, wird euch mit dem Heiligen Geist und mit Feuer taufen.« Bei manchen Priestern hat er das Feuer wohl vergessen.

Den ganzen Tag Schmerzen, bin mies drauf und mal wieder viel zu ungeduldig. Hab zwar jetzt endlich Termine bei der Physiotherapie und übe auch brav zu Hause, aber es geht alles viel zu langsam.

DIENSTAG, 14. DEZEMBER
Noch ein weiterer mieser Tag mit miesen Schmerzen, bin niedergedrückt, das Schreiben mit Rechts geht immer noch nicht. Am Abend drei Telefongespräche mit Menschen, die gerade ähnliche Probleme haben. Ich hoffe sehr,

ich habe keine dämlichen klugen oder frömmelnden Sprüche abgesondert.

DONNERSTAG, 16. DEZEMBER
Draußen Schlamm, drinnen Schmerzen.

FREITAG, 17. DEZEMBER
Schlamm, Schmerzen, noch mehr Schlamm und miese Laune.

SAMSTAG, 18. DEZEMBER
Der Unfall ist jetzt vier Wochen her. Habe ich begriffen, was ich daraus lernen sollte? Soll ich was daraus lernen? Ich denke schon, vor allem, dass ich keine vierzig oder fünfzig mehr bin, sondern schon über sechzig! Und Leine loslassen, wenn Cora zum Powersprint ansetzt.

4. ADVENTSSONNTAG, 19. DEZEMBER

Heute habe ich nach dem Unfall endlich einmal wieder einen sehr langen Spaziergang mit Cora gemacht, trotz Nieselwetter, Schlamm und zerfahrenen Waldwegen. Die Spaziergänge sind nicht nur gut gegen die schlechte Laune. Sie helfen, Klarheit zu bekommen. Heute wurde mir bewusst, dass es das erste Mal seit mindestens 25 Jahren (oder noch mehr?) ist, dass ich mich im Advent nicht innerlich auf das Weihnachtsfest vorbereitet habe. War echt ein Erschrecken. Das zeigt mir, wie hart mich diese Geschichte getroffen hat. Und trotzdem kann ich im Rückblick auf den Unfall, aber auch auf das ganze Jahr spüren, dass sich etwas verändert hat, und zwar nicht nur, weil ich es in diesem Tagebuch versucht habe zu reflektieren. Mir ist noch deutlicher als vorher klar geworden, dass das Alleinsein zu mir gehört, selbst wenn ich an die (kurze) negative Einsamkeit denke, die ich beim Unfall gespürt habe.

MONTAG, 20. DEZEMBER

Am Vormittag wieder ein Termin bei der Physiotherapie. Der nette blonde Therapeut geht so vorsichtig mit mir um, als wäre ich zerbrechlich wie Fensterglas. Wenn der wüsste, was ich zu Hause alles wuppen muss: Tiere füttern, Holz hacken, ins Haus bringen und den Ofen anheizen, Wassereimer schleppen usw., alles überwiegend mit Links! Wochenlang krankfeiern ist einfach nicht drin.

Mittags lecker Pellkartoffeln gekocht mit kräftig Tsatsiki, die nächsten Tage sind ja keine Termine. Da kann ich mir das leisten.

Am Abend ruft eine Frau an, die Angst hat vor Weihnachten allein. Ich muss wirklich eine Weile zuhören, bis mir einfällt, was sie vielleicht trösten kann. Sie ist nicht besonders gläubig, aber ich empfehle ihr eine franziskanische Laiengemeinschaft in der Stadt, in der sie lebt. Ich weiß zufällig, dass dort an Heiligabend offene Tür ist und gegen eine kleine Gebühr leckeres Essen angeboten wird.

Anschließend habe ich noch lange in meiner stillen Kapelle gesessen und darüber nachgedacht, wie zerrissen manche Familien oder auch Freundesgruppen sind. Sonst für jeden Spaß zu haben, aber an Weihnachten, dem Fest der Gemeinschaft und Versöhnung, feiert jeder lieber nur mit denen, die er mag oder gerade noch aushält.

DIENSTAG, 21. DEZEMBER

Die Seiten mit dem ersten Layout sind da. Das Schöpfungsbuch wird sehr schön werden. Habe fast den ganzen Tag in Ruhe korrekturgelesen. Allmählich kommt Weihnachtspost an. Das genieße ich jedes Jahr sehr, auch wenn es nur eine hübsche Karte ist mit drei Sätzen.

Abends habe ich noch einmal die Lesung von heute nachgelesen. Ich muss jedes Mal lächeln, wenn in der Liturgie die Stelle im Hohelied dran ist: »Horch! Mein Geliebter! Sieh da, er kommt. Er springt über die Berge, hüpft über die Hügel« (2,8). Und dann bei Vers 10: »Steh auf, meine Freundin, meine Schöne, so komm doch!« Ich gestehe, ich fühle mich immer direkt angesprochen. Bibelwissenschaftlich darf man da vielleicht ein Fragezeichen machen, aber für mich ist das jedes Mal ein Anruf Christi, nicht aufzuhören, mich auf den Weg zu ihm zu machen. Ein sehr liebevoller Anruf.

DONNERSTAG, 23. DEZEMBER

Großeinkauf mit Irmgard. Wir haben noch einen kleinen, schönen Tannenbaum bekommen für die Kapelle. Normalerweise kaufe ich den Weihnachtsbaum mit Ballen, damit er nach dem Fest auf dem Gelände eingepflanzt werden kann. Zurzeit aber ist noch so viel Kälte hier, das wird wohl dieses Jahr nicht möglich sein.

FREITAG, 24. DEZEMBER / HEILIGABEND

An diesem Abend allein zu sein ist sicher für viele Menschen eine Qual. Heiligabend allein! Ich aber sitze in meiner Kapelle vor der Krippe und bin einfach nur ruhig, zufrieden und, ja, auch glücklich. Heute Morgen habe ich feststellen müssen, dass ich beim Einkaufen mal wieder ein paar Dinge vergessen hatte. Bin also das erste Mal seit dem Unfall wieder mit dem Fahrrad ins Dorf gefahren, einhändig. Ging gut. Habe am späten Nachmittag die Vesper gebetet, dabei viel gesungen und die Krippe bewundert. Im flackernden Kerzenlicht sehen die Figuren fast lebendig aus. Am Abend dann Musik gehört – querbeet: von Dave Brubeck bis Arvo Pärt und Adele. Zusammen mit einem großen Glas meines Lieblingsrotweins, für den ich extra auf alle Schmerzmittel verzichtet habe. Danach stille Zeit in der Kapelle, habe den Tag leise ausklingen lassen. Die Zwerge hatten den ganzen Tag die Wärmelampe an und am Mittag gab es ein paar besondere Leckereien: Rosinen und getrocknete Aprikosen. Beide Ziegenomas habe ich abends in den wärmsten Teil des Stalles eingesperrt. Max war aushäusig, Findus auch, aber beide finden trotz der großen Kälte genug warme Plätze zum Schlafen im Heu- und Holzschuppen.

SAMSTAG, 25. DEZEMBER / WEIHNACHTEN

Über Nacht hat die Kälte noch zugenommen. Es ist bitterkalt, das Thermometer zeigt knapp 18 Grad minus. Ein ruhiger und erholsamer Tag mit ausgiebigem Gebet und ruhiger Meditation. Am Vormittag Wortgottesfeier mit Irmgard und ihrer Mutter. Mehrere Anrufe von Menschen, die mit diesem Tag nicht klarkommen. Und wie so oft: Ruhiges Zuhören ist die einzige Möglichkeit, ihnen zu helfen.

MONTAG, 27. DEZEMBER

Das Wetter wird etwas wärmer, aber immer noch ist es so, dass Tiere und Mensch der Klause sich lieber irgendwo geschützt aufhalten. Die Tiere in Stroh und Heu bzw. Hundedecke und der Mensch vor dem flackernden Ofenfeuer. Weihnachten zu feiern in der Klause ist für mich immer auch Nachdenken, was Menschwerdung für mich persönlich bedeutet und bedeutet hat. Eine Freundin, Inge aus Bremen, sagte heute im Telefongespräch zum Thema Einsamkeit: »Das viele Alleinsein gerade jetzt in der Pandemie tut mir sehr gut. Was mich echt erstaunt. Ich werde dadurch abgeschält wie eine Zwiebel und komme immer mehr zu mir selbst.«

Das trifft meine Erfahrungen hier ziemlich genau. Weihnachten ist für mich deshalb nicht nur das Fest der Menschwerdung Gottes in Jesus Christus. Es ist auch ein Zeitpunkt im Jahr, ganz konkret nachzuspüren, nachzudenken über mich, über *meine* Menschwerdung. Oder anders ausgedrückt: Wer bin ich? Wie weit bin ich schon bei mir selbst angekommen?

DIENSTAG, 28. DEZEMBER

Die Schulter schmerzt noch, aber so langsam geht es besser. Wetter wird ein kleines bisschen wärmer. Kuschle mich mit Cora und manchmal auch mit Max vor dem Ofen zusammen. Ohne Störung! Herrlich! Ich kann dabei gut nachdenken über Einsamkeit, auch über meine Form des Alleinseins. Einsamkeit hat so viele Gesichter. Das Wort ist ja ein Containerbegriff. Da passt vieles hinein. Für mich ist es der Weg in das Labyrinth eines Geheimnisses. Das Geheimnis Mensch und, untrennbar damit verbunden, das Geheimnis Gott. Ich würde dieses Leben, das von außen oft so langweilig und ereignislos wirkt, um nichts in der Welt aufgeben.

MITTWOCH, 29. DEZEMBER

Heute im Lukasevangelium den Lobgesang des Simeon meditiert (Lk 2,29–32). Ich hoffe, im Angesicht meines Todes werde ich ähnlich sprechen können: Nun lässt du, Herr, deine Magd, deine Freundin, in Frieden scheiden, denn meine Augen haben sich gesehnt nach dir und deinem Angesicht. Jetzt hoffe ich, dass sie schauen dürfen, was sie ersehnt haben.

FREITAG, 31. DEZEMBER

Letzter Tag eines Jahres mit viel Freude, aber auch mit nicht wenig Sorge und Schmerzen. Und mit eindeutig zu viel Arbeit! Das Schöpfungsbuch wird wunderschön, einen Verlag für die Gedichte habe ich in Vechta gefunden, und jetzt noch dieses Tagebuch. Ich hoffe, 2022 wird etwas ruhiger.

Aber warum sollte es eigentlich? Wenn ich meine Zeit als Eremitin, also die letzten knapp 28 Jahre, betrachte, war sie in der Regel prall gefüllt mit Leben, mit Erfahrung, mit tiefer, intensiver Freude am Geheimnis Gott … und immer auch mit reichlich Arbeit.

Ich bin geschaffen auf Ihn hin. Und je tiefer ich in dieses Geheimnis meines Lebens eintauchen darf, desto tiefer komme ich dem Geheimnis Gott näher. Nicht wissenschaftlich-theologisch oder so. Sondern lebenspraktisch! Das Geheimnis meines Lebens ist untrennbar mit dem Geheimnis Gott verbunden. Und dadurch ist das Geheimnis meines Lebens zugleich ebenfalls untrennbar verbunden mit dem Geheimnis des Lebens aller Menschen. Dort, in der Tiefe meines Lebens, treffe ich jedes Menschenherz. Und das ist das Geheimnis meines Lebens als Eremitin.

Textnachweis und Anmerkungen

1 Thomas Merton, Meditationen eines Einsiedlers. Über den Sinn von Meditation und Einsamkeit, Zürich – Einsiedeln – Köln ^{2}1972, Neuausgabe Ostfildern 2013.

2 Ebenda, 116.

3 Tomáš Halík, Geduld mit Gott, Freiburg ^{4}2011, 11.

4 Ebenda.

5 Ebenda.

6 Ebenda, 46.

7 Manfred Spitzer: Einsamkeit. Die unerkannte Krankheit. Schmerzhaft, ansteckend, tödlich, München 2018.

8 Ebenda, 18.

9 Marina Bohlmann-Modersohn, Paula Modersohn-Becker. Eine Biographie mit Briefen, München ^{4}2007.

10 Ebenda, 178.

11 Ebenda, 181.

12 Spitzer, 45.

13 Ebenda.

14 Aus: Halina Poświatowska, Immer wenn ich leben will. Gedichte über die Liebe und den Tod. Aus dem Polnischen und mit einem Nachwort von Monika Cagliesi-Zenkteler, Piper Verlag München 2002, 68.

15 Spitzer, 35f.

16 Ebenda, 122f.

17 Vgl. Spitzer, 214.

18 Ebenda, 202.

19 Ebenda, 234.

20 Publik-Forum 2-2002, aus dem Vorwort von Doris Weber: »Einladung«, 2.

21 Hymnus aus: Silja Walter, Gesamtausgabe Band 10 © Verlag Herder GmbH, Freiburg im Breisgau.

22 Octavio Paz, Das Labyrinth der Einsamkeit, Frankfurt / Main 1974, 189.

23 Ebenda, 190.

24 Octavio Paz, Gedichte. Spanisch und Deutsch, Frankfurt / Main 1990, 19.

25 Leben und Schriften der heiligen Klara von Assisi, Zweiter Brief an die selige Agnes von Prag, Werl 1980, 120.

26 Maria Anna Leenen, Momente aufblitzenden Lichts. Haiku, Vechta 2022, 91.

27 Maria Anna Leenen, Fülle. Die schöpferische Kraft der Natur, Paderborn 2022.

28 RLS, Grenzerfahrungen bei der Suche nach Heilung und Heil, hrsg. v. Maria Anna Leenen, Vechta 2022.

29 Momente aufblitzenden Lichts, 11.

Zur Autorin

Maria Anna Leenen, geboren 1956 in Osnabrück, lebt seit 1994 als Diözesaneremitin im Bistum Osnabrück. Sie arbeitet als freie Autorin; Schwerpunkte ihrer Publikationen sind Themen aus den Bereichen Spiritualität / Umwelt / Theologie. Sie lebt in der Klause St. Anna zusammen mit zurzeit neun Zwergziegen, einer alten Katzendame und einem jungen Kater. Jüngst ist Mastín-Español-Mischlingshündin Cora (Corazon) dazugekommen. In den letzten Jahren hat Maria Anna Leenen zusammen mit dem Förderverein der Klause begonnen, intensiv Gebäude und Gelände auf Nachhaltigkeit, Klima- und Umweltschutz zu überprüfen und zu renovieren.

Sie ist Autorin zahlreicher Bücher. Zuletzt: *Ganz weit draußen.* Roman, Asslar 2016; *nachtstill geplündert. Gedichte aus drei Jahrzehnten,* Würzburg 2016; *Ziegen wie du und ich. Was ich von meinen vierbeinigen Weggefährten über Gott und die Welt lerne,* Asslar 2019; *Musik meines* Lebens. *Impulse für ein Leben mit Gott,* Paderborn 2020; *Fülle. Die schöpferische Kraft der Natur,* Paderborn 2022; *Momente aufblitzenden Lichts. Haiku,* Vechta 2022.

Weitere Informationen, Videos und Interviews: www.maria-anna-leenen.de

Informationen zum eremitischen Leben in Deutschland: www.eremiten-in-deutschland.de

Der Förderverein Klausenkapelle St. Anna e. V. findet sich im Internet unter: www.klausenkapelle.de